MW00825329
ODAY
ODAY
Air Mail

CHECKING SLIP
№ 364825
MARK THE PLACE YOU VISIT!
The World for all the travelers who have a free spirit.
Hello, Abbey!
3/19
Enclosed
ADMIT ONE
ADMIT ONE
ADMIT ONE
my pabilis. Thank you!
Enjoy your stay! May it be relaxing, productive – everything you hope it to be and more!
See you when you get back.
Koko
it wasn't going to happen unless I made it happen
– Iron & Wine
The Great Discontent
15
8d
DANCE
021947
$1.20
8-8-14
I love it more than
(woops!) Here Bali has been so
it's my 4th day here already), and
home already. JUST KIDDING. I actually
3000 Indonesia
WESEL POS
INDONESIA
領収証
ご利用日付
2016
時刻
2011
IS HERE!
A B C D E
H I J K L
O P Q R S
V W X Y Z
a b c d e f f
i j k k l l m

Hello! ☺
Belated Happy Birthday!
Just a reminder that everyone has a story. Everyone is flawed but trying. There is always something to learn. ☺
Love,
Achi Reese ☺
FROM
Kristin ♥
Hi Abiii ♥
• Merry Christmas!
• Friends Forever!
• I love you!
Brave
THE
NCERTAIN
&
SEQ-0213
Be SOMEBODY
NOBODY
thought you
COULD BE
BOOKS
GIVE A SOUL
TO THE UNIVERSE
WINGS TO THE MIND
FLIGHT TO THE
AIR MAIL
EFGH
ESTE LIBRO PERTENECE A:
You are more capable than you know
E.O. WILSON
AIR MAIL
EXP

Equipo editorial

El ABC del Journaling
© 2018 Instituto Monsa de ediciones

Primera edición en 2018 por Monsa Publications,
impreso en España por Cachiman Grafic
Gravina 43, 08930 San Adrián de Besós.
Barcelona (España) T +34 93 381 00 50
www.monsa.com monsa@monsa.com

Dirección de arte y maquetación: Eva Minguet y
Patricia Martinez (Equipo Monsa)
Traducción: SOMOS Traductores

ISBN: 978-84-16500-91-8
D.L. 16303-2018

Edición filipina © 2016 por
Summit Publishing Co., Inc.
Copyright © 2016 by Abbey Sy.
Título original: The ABCs of Journaling

Puedes realizar tu pedido en:
www.monsashop.com

¡Siguenos en!
Instagram: @monsapublications
Facebook: @monsashop

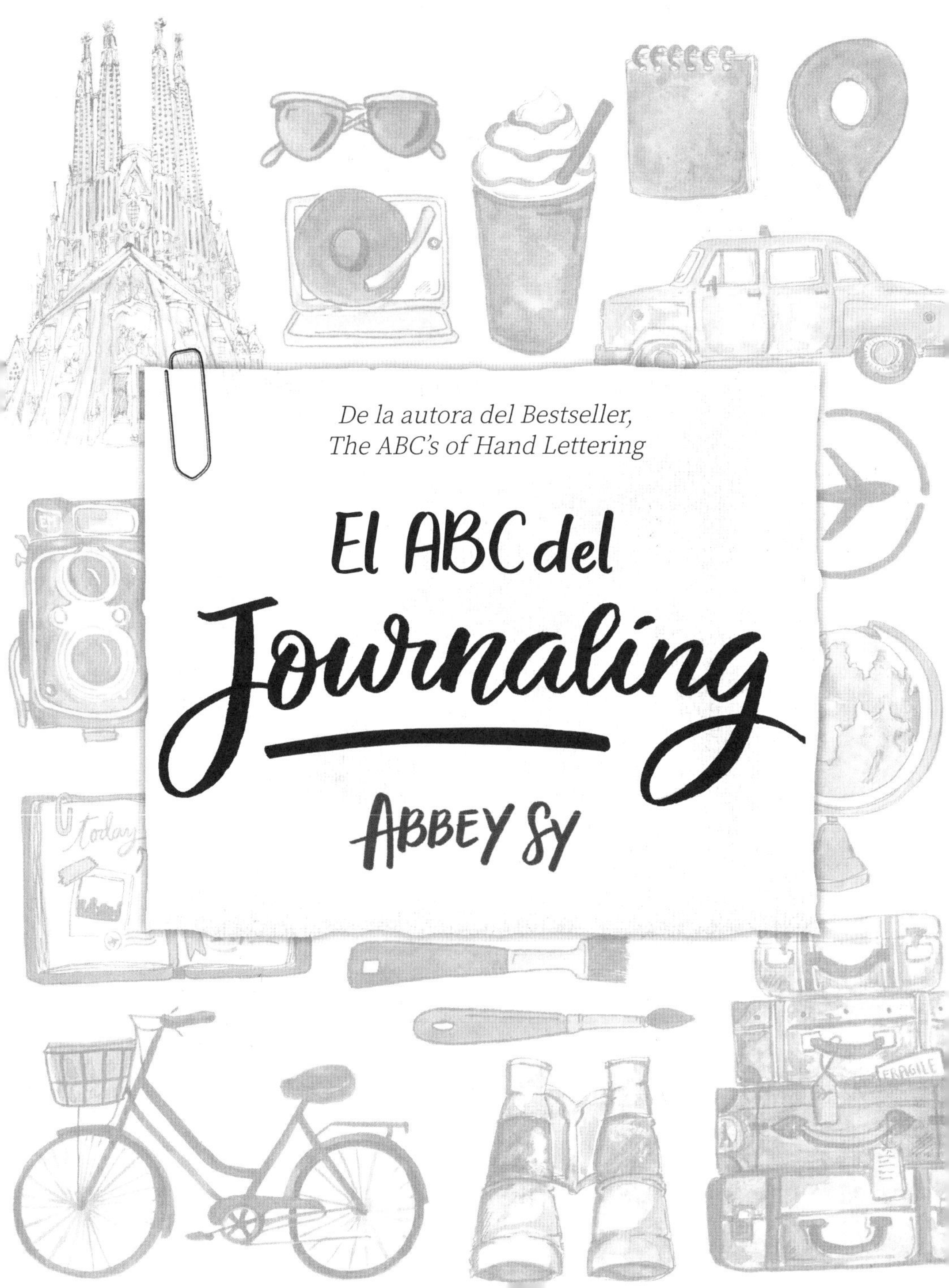

De la autora del Bestseller,
The ABC's of Hand Lettering

El ABC del Journaling

ABBEY SY

Being able to write down these little moments on a journal makes them feel a bit more special.
I journal to REMEMBER moments I NEVER WANT to forget.

PARIS

Ho Chi Minh
VIETNAM

KOBE
BERLIN
PANTONE

MUSIC
OMAM

Contenidos

The best part of life is not about where you're going, but where you are right now.

¿No es fascinante cómo tendemos a conservar las cosas supuestamente mundanas? Una fotografía al azar, o un billete, o un resguardo que podría evocar un recuerdo olvidado hace tiempo, como una tarde de risas con amigos o una aventura épica que vale la pena recordar. O cómo nuestras mentes parecen generar pensamientos e ideas que solo tendrían sentido una vez que los anotamos en algún lugar. Y, a medida que avanzamos, recopilamos y reflexionamos sobre los momentos que finalmente definen quiénes somos, qué hacemos y por qué lo hacemos.

Los diarios nos permiten comunicarnos con nuestro yo interior. Es una forma de expresión a través de la inmortalización de tus pensamientos, recuerdos y experiencias a través de imágenes o palabras. Artistas, escritores, empresarios, científicos y personas de todos los ámbitos utilizan los diarios como una herramienta para unir sus ideas y dar sentido a sus vidas cotidianas.

Un diario es una vía para la auto-reflexión, ese mejor amigo que te ayuda a conocerte mejor. Es una compilación de historias, recuerdos y pequeñas cosas que hacen la vida genial. Y, con el tiempo, se convierte en algo más que un almacén de tus experiencias personales. También sirve para recordar que la mejor parte de la vida no es hacia dónde vas, sino dónde estás ahora.

Este libro se creó para ayudarte a liberar la búsqueda de tu artista interior: creando tu propio diario, explorando varias formas de grabar tus propios recuerdos y manteniendo constantemente la curiosidad en el día a día. Cada capítulo habla sobre los diferentes aspectos del journal: desde las herramientas básicas que necesitarás para comenzar hasta un poco de historia y por qué deberías crear tu propio journal. Aprenderás las diferentes formas de documentar tus reflexiones diarias; coleccionar momentos e historias mientras viajas por el mundo; encontrar un estilo que te funcione... todo ello para perfeccionar tu hábito de mantener tu diario en los próximos años.

Ya sea para que este libro sirva como dosis diaria de inspiración, como tu compañero de viaje o como una referencia completa sobre el arte del journaling, puedes encontrar más significado en cada día a medida que registras estos momentos en papel de la manera que más te llame la atención.

Está en tu mano hacer arte, compartir historias y descubrirte a ti mismo en el proceso. Esperamos con ganas ver tus propios diarios mientras pasas a la siguiente página. ¡Disfrútalo!

Always be creating,

ASTRINGENT TINCTURE
BIT Biglietto Integra
FANBVF03592
Euro 1.50
Vale 100 minuti
SALVE
05
Wolf Trap Farm Park
NIGERIA
CARRICKFERGUS CASTLE
LIFE IN TRANSIT 2014

CAPÍTULO 1

¡Empezamos!

Definición de Términos

Journaling

El hábito de escribir un diario a diario.

Journal

Un registro diario de noticias y eventos personales.

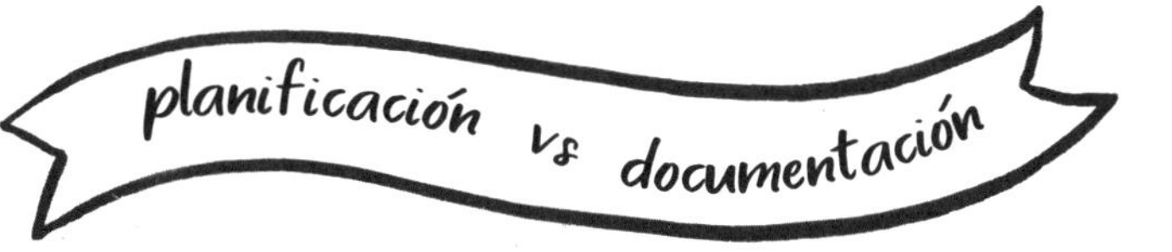

PLANIFICACIÓN

Decidir y hacer preparativos por adelantado.

DOCUMENTACIÓN

Registrar algo en forma escrita, fotográfica o ilustrada.

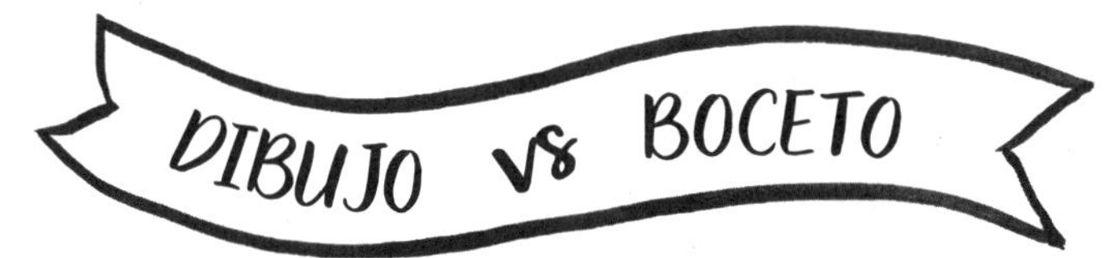

DIBUJO

Hacer una representación detallada y refinada de un tema.

BOCETO

Hacer una forma de dibujo a mano alzada y de manera más suelta.

Hacer una crónica Registrar una serie de eventos de una manera objetiva y detallada.

Diarista Persona que escribe en un diario.

Plenairismo También llamado "pintura plenairista", una frase prestada del equivalente francés que significa "al aire libre (íntegramente)"; esbozar o dibujar en el lugar.

En Ruta Durante el trascurso de un viaje; en camino.

Efímero Artículos coleccionables que originalmente se esperaba que solo tuvieran utilidad o popularidad a corto plazo.

Escritura libre Escribir sin parar o sin levantar el instrumento de escritura durante unos diez minutos.

Diseños Disposición de material en una página o en un trabajo; manera en que el texto o las imágenes se establecen en una página.

Memorias Un texto escrito por una figura pública sobre sus experiencias de vida.

Momento Un periodo exacto en el tiempo.

Medios Mixtos El uso de diferentes materiales, incluidos, entre otros, tinta, acuarela, lápices y bolígrafos.

Taquigrafía Abreviaturas y símbolos de notas o recordatorios que pueden carecer de sentido para otros, excepto para el escritor.

Taquigrafía visual Taquigrafía esbozada rapidamente para registrar suficiente información, y así refrescar la memoria.

Diarios

Anne Frank

Ana Frank, una joven escritora y cronista judía, escribió regularmente desde 1942 a 1944 sus experiencias durante el Holocausto. Sus apuntes fueron publicados en un libro mundialmente famoso: *El diario de Ana Frank.*

Thomas Edison

Thomas Edison era un hombre de negocios innovador que desarrolló aparatos que cambiaron el mundo, como la bombilla, el fonógrafo y el proyector. Estuvo escribiendo un diario durante el verano de 1885: su primer descanso prolongado del trabajo en 26 años.

Virginia Woolf

Una de las principales figuras literarias del siglo XX, Virginia Woolf, guardó diarios que contienen ejercicios de escritura para sus novelas, comentarios sobre libros que ha leído y documentación personal de experiencias cotidianas.

Charles Darwin

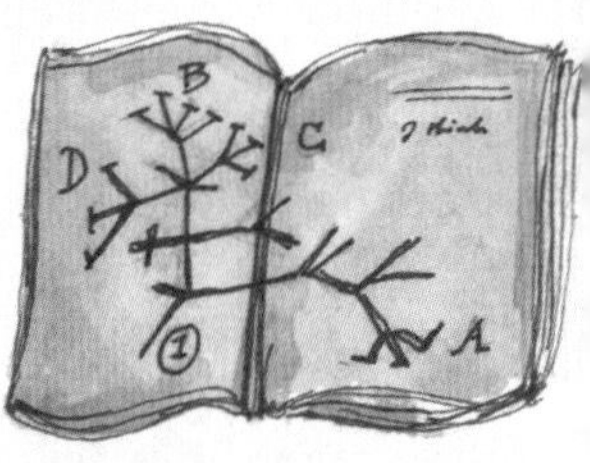

En el siglo XIX, el naturalista y geólogo Charles Darwin comenzó a llevar cuadernos de bolsillo. Conservaba diarios sobre observaciones naturales, especulaciones científicas, listas y bocetos. Estos proporcionaron una ventana a la evolución de la teoría de Darwin de la evolución de las especies.

Famosos

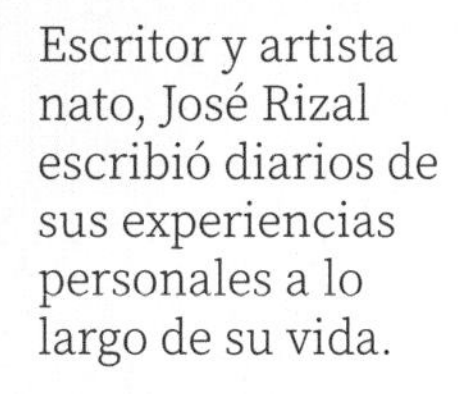

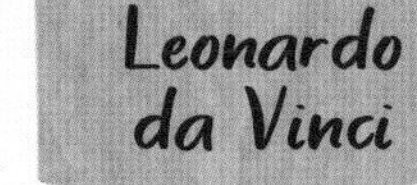

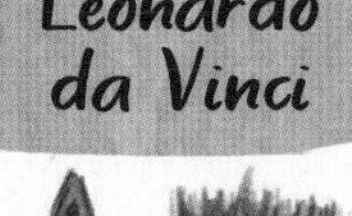

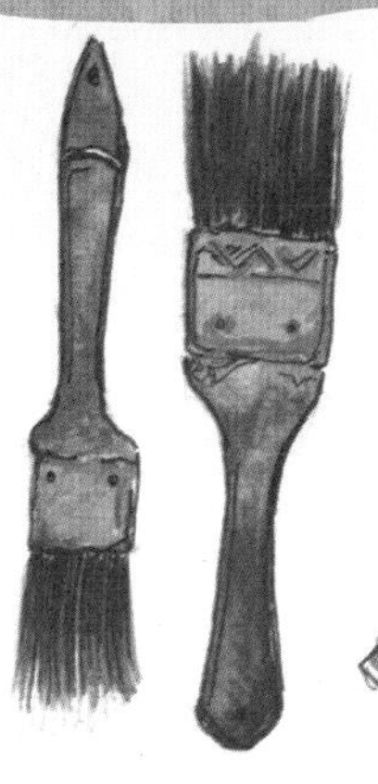

José Rizal

Escritor y artista nato, José Rizal escribió diarios de sus experiencias personales a lo largo de su vida.

Samuel Pepys

Un famoso cronista y administrador naval inglés, Samuel Pepys, está entre los primeros que llevaron el diario al ámbito de lo personal. En la década de 1660, Pepys describió los asombrosos detalles de la gente, la política, así como las alegrías y las tristezas de vivir en Londres durante el período de la restauración de Inglaterra.

Leonardo da Vinci

El erudito y "hombre del renacimiento", Leonardo da Vinci, comenzó a escribir en sus diarios en el siglo XV. Produjo entre 20.000 y 28.000 páginas de notas y bocetos entre 1478 y 1519.

Lewis and Clark

Lewis y Clark conservaron diarios en los que cartografiaban los territorios, describieron las maravillas naturales y a la población de América del Norte desde 1803 hasta 1806 durante su expedición.

Historia Personal

Empecé a escribir en diarios cuando tenía trece años. Fue la pura curiosidad de mis experiencias diarias lo que me llevó a documentar a diario. Durante mi adolescencia, recopilé álbumes de recortes, planificadores, diarios personales. Mi amor por cualquier cosa analógica se refleja en los volúmenes de diarios que he escrito e ilustrado a lo largo de los años. Utilicé todos los materiales de desecho que pude desenterrar para mis scrapbooks; garabateé todas mis agendas con listas de cosas por hacer y chismes de mi vida; y recopilé diariamente material efímero y fotos impresas para acompañar mis diarios personales de textos pesados.

Al principio, pensé que nunca sería escritora. Solo sabía que me encantaba escribir, especialmente para mí misma. Como persona introvertida, era mi forma de entender el mundo que me rodea y tratar de entender la vida en general. De la misma manera, usaba el dibujo para expresar mis pensamientos a través de la creación de arte. Pero escribir era diferente, me abrió una perspectiva nueva como artista.

Al crecer, aprendí a tratar el journal como una aventura para conocerme mejor: lo que soy, lo que me encanta hacer, los objetivos que me gustaría alcanzar, dónde he estado y qué prioridades me interesan. Hoy en día, dirijo un blog y comparto mis pensamientos online, pero los mejores recuerdos son los que están bien guardados en las páginas de mi journal.

El Journal es...

Un libro que creas para ti mismo

Como registro personal de tus experiencias, pensamientos e ideas, un diario te convierte en autor. Ser capaz de narrar experiencias, observaciones y momentos en tu vida diaria define tu propósito.

Una puerta abierta para las ideas

Conservar un diario es una herramienta para descargar ideas y sueños. Te ayuda a expresar los pensamientos correctamente y hace que te sea más fácil procesar las ideas cuando las escribes. ¿La mejor parte? La posibilidad de ver que estas ideas y sueños cobren vida.

Custodia del progreso

La mejor parte de hacer un journal es tener un espacio para seguir tu progreso. Ya sea clasificando tus metas y planes futuros o practicando hábitos creativos, es la mejor muestra de cuánto has mejorado con el tiempo.

Una razón para celebrar la vida

Llámalo cliché, pero llevar un journal te recuerda a la persona más importante de tu vida: tú. Te da una razón para celebrar la vida y apreciar la belleza de ser tu verdadero yo. Te hace sentir agradecido por cada día.

Una forma de auto-expresión

Ya se trate de crear, dibujar, escribir o hacer fotos, escribir un diario es una excelente manera de dar rienda suelta a tu creatividad interna. Literalmente es un lienzo en blanco, y la manera en que quieras contar tu historia depende de ti.

¿Por qué hacer un Journal?

When I write in a journal, it's not about what happened in the day, but what I learned from it. I write because every day & every experience is a way for me to learn. - Tricie Amador

Being able to write down those little moments on a journal makes them feel a bit more special. - Allie Principe

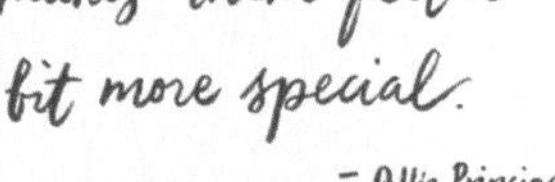

I journal to REMEMBER THE moments I NEVER WANT TO forget.

Aleyn Comprendio

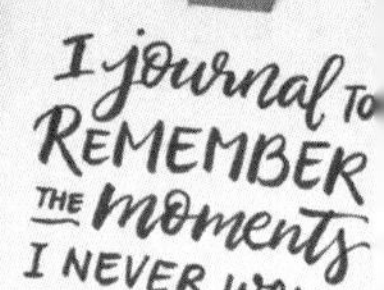

I like chronicling memorable moments in my life. I'm a big fan of looking back at the past, not because I'm stuck in it but because I love seeing how far I've come from then.
—Macy Alcaraz
I keep a journal so that I could listen to my inner voice. I feel that I have a stronger sense of self whenever I write or sketch on my journal.
- Jean Kelly
FACTORY

Materiales
Acuarelas
Lápiz
de dibujo
Sellos
Clips
Pinceles
THE CRAFT CENTRAL

y Herramientas
Plumas de colores
Washi tapes
Journals
Tijeras

Espacio de Trabajo

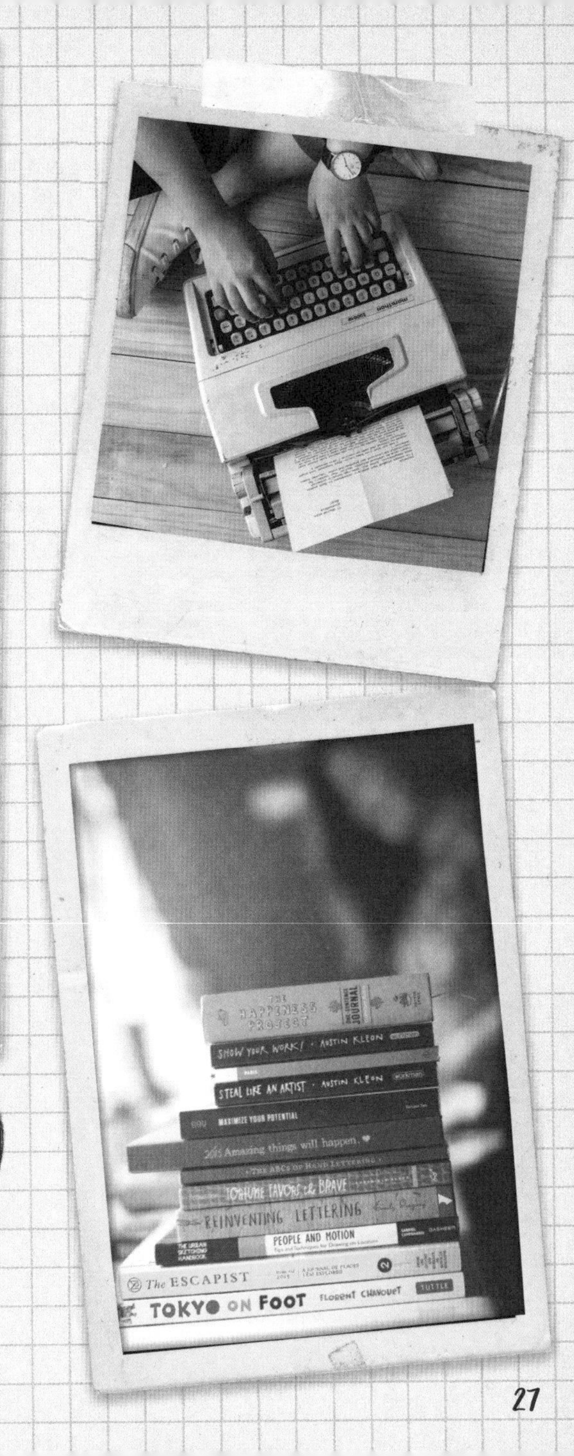

Designa un espacio de trabajo que alimente tu creatividad y te inspire a comenzar a escribir un diario y a hacer arte. Decóralo de la forma que quieras. Ten a mano los materiales que utilizas con frecuencia, en un cajón, al lado de tu portalápices, en algún lugar donde puedas cogerlos fácilmente.

DIY 1

PORTADA

Estas son algunas ideas sobre cómo personalizar la portada y hacerla única para ti.

Protege tu diario

Mantén tu cuaderno protegido con una funda. La mayoría son de tela, cuero o poliéster, y tienen bolsillos dentro donde puedes guardar tus materiales.

Fiesta Craft

Sé creativo con tu material de artesanía y decora tu diario con pegatinas, etiquetas, cintas de washi, sellos y recortes de papel.

Proyectos DIY

Letras a mano

Para un toque más personal, escribe a mano tu cita favorita en la portada. Asegúrate de medir tu cuaderno primero y crear un borrador en una hoja de papel por separado. Usa tinta permanente para hacer tu diseño.

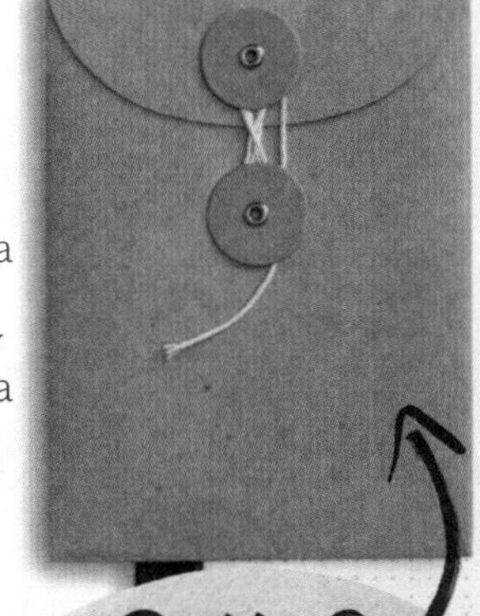

DIY 2

BOLSILLOS INTERIORES

Crea tus propias piezas de bolsillos para guardar recibos, tickets y recuerdos diversos dentro de tu diario.

Materiales:

- cinta de doble cara
- sobre pequeño
- tijeras
- pegatinas y washi tapes

Instrucciones:

Cubre la cara del sobre con cinta adhesiva de doble cara y pégalo en la cubierta interior de tu cuaderno.

Etiqueta el sobre debidamente para una referencia más fácil.

Decora y diseña con pegatinas y cintas washi.

DIY 3
PALETA DE COLORES

Esta es una forma fácil de llevar las pinturas necesarias, en lugar de llevar contigo un conjunto completo de acuarelas.

Materiales:

- lata sellable vacía
- tubos de acuarelas según tu elección
- bandejas de acuarela
- cinta adhesiva de doble cara
- pañuelo de papel

Instrucciones:

1. Coloca las bandejas en la lata para verificar cuántas bandejas caben dentro.

2. Saca las bandejas y coloca una capa de cinta adhesiva de doble cara dentro de la lata.

3. Coloca las bandejas dentro de la lata. Asegúrate de que permanezcan en su lugar.

4. Exprime los tubos de acuarela en cada bandeja. Llénalos hasta aproximadamente el 80%. Usa el pañuelo de papel para eliminar el exceso de pintura.

5. Deja que la pintura se seque durante la noche ya que las acuarelas tienden a estar húmedas.

6. Una vez secadas, sella la lata y ¡listo!

DIY 4
ORGANIZADOR DE WASHI

Las cintas Washi son una excelente forma de decorar tus páginas. Aquí encontrarás consejos sobre cómo almacenarlas cómodamente en tu espacio de trabajo y cuando estés de viaje.

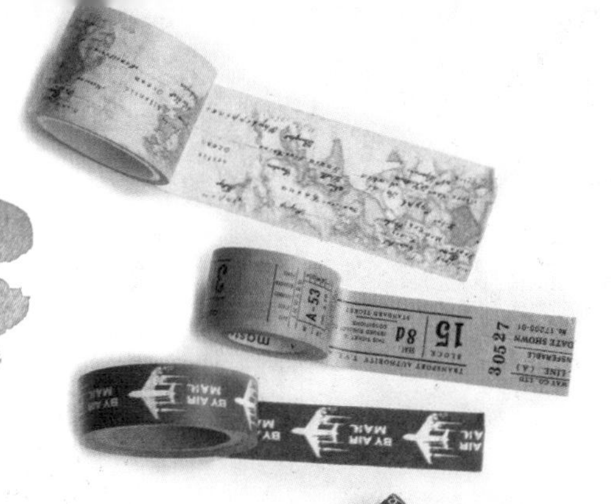

De viaje

Tener un organizador washi portátil hace que tu kit de viaje sea menos voluminoso y más cómodo de llevar. Lo mejor es tener un kit de muestra propio sin tener que traer todos tus rollos de cinta washi.

Para almacenar en casa

Guarda tus cintas en un dispensador o cesto para conservarlas juntas en un solo lugar. Puedes elegir separarlas por color o tema para tener una referencia más fácil.

Materiales:

- tarjetas o etiquetas
- washi tapes
- tarjetero

Instrucciones:

1. Envuelve de 3 a 4 rollos de cinta washi, según tu elección, en una tarjeta de plástico.

2. Inserta las tarjetas washi en un tarjetero para un almacenamiento más fácil.

ヴィンテージから
Your next Adventure is at the end of your comfort
Encyclopedia of Paper and Ephemera from New York
XXX
RAILROAD
KLEANBORE
APOTHECARY
RITA-ANNE
BESPOKE
BONNE CHANCE
THE HUDSON STANDARD BITTERS
X-Knowledge
TICKET
KEEP THIS COUPON
DEPARTURE
PURPOSE OF VISIT
DEPARTURE DATE
RETURN DATE
DESTINATION
24 APR 2016
OF INTERNAL BATTLES & PORTABLE offices
SUNDAY
PANTONE 19-4305
Black
HOMEMADE

CAPÍTULO 2

Escribiendo a Diario

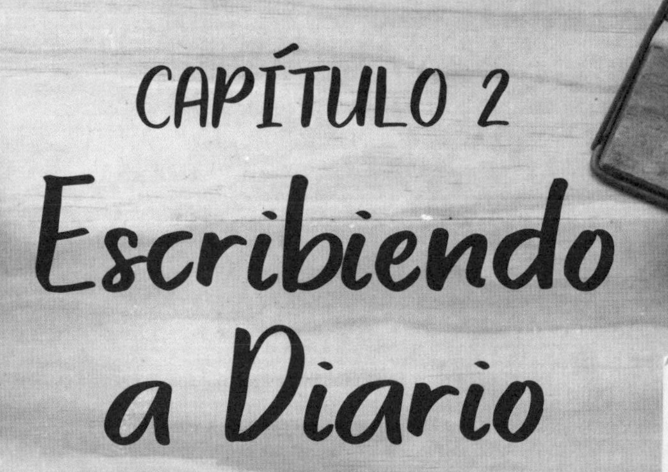

Introducción

Escribir cada Día

La idea de tener un diario surgió durante mis primeros años de adolescencia. Era muy tímida y callada, así que se convirtió en una vía hacia la autoexploración. Cuanto más escribía, más me entendía a mí misma. Por otro lado, parece que no puedo dejar de coleccionar pegatinas, artículos de papelería y cuadernos de todo tipo, y ¿qué mejor manera de utilizarlos que la de escribir un diario?

ERA LA NIÑA QUE SIEMPRE TENÍA UN CUADERNO EN LA MANO, ESCRIBIENDO, DIBUJANDO Y GARABATEANDO DE MANERA REGULAR.

Para ser honesta, nunca he sido constante a la hora de escribir un diario. De hecho, entre todas las actividades creativas que hago, parece ser la más difícil de mantener. Con el paso de los años, pasé de un estilo a otro, y básicamente, me di cuenta de que eso es lo que hace que el diario sea un experimento divertido.

El error común de mantener un diario es que todo tiene que estar en un formato homogeneo.

PERO, UNA VEZ MÁS NO HAY NORMAS, Y ES ESTA LIBERTAD LA QUE TE PERMITE DESCUBRIR QUÉ ENFOQUE DESEAS UTILIZAR.

Trabajar con tus apuntes

A medida que comienzas a trabajar en tus apuntes, es importante hacer un poco de calentamiento, especialmente cuando garabateas o dibujas. Al subir de nivel, practica tus habilidades de observación y dibuja cosas que veas de forma regular.
El diario puede ser una combinación de diferentes tipos de arte, especialmente cuando se juntan en un mismo diseño. La mejor manera de comenzar es dibujar los temas o elementos que desees incluir en la página. Esto ayudará a establecer el diseño; puedes usar la ilustración como punto de partida. Luego, añade palabras y otros adornos según tu elección. Cuando coloques el lápiz sobre el papel, no te preocupes demasiado de la calidad de tu resultado.

¡DOS PALABRAS SIN PRESIÓN!

El diario es una vía para el progreso, y mejora a medida que actualizas habitualmente sus páginas cada día. Está bien cometer errores; siempre hay margen para mejorar.

Crea tu propia experiencia

El diario es un hábito que cualquier persona puede perfeccionar, pero lo más importante es estar contento con tu trabajo a medida que creas tus propias páginas. ¡No hay límites! Un diario puede ser cualquier cosa que desees que sea.

Ya sea al estilo clásico, con muchas ilustraciones o basado en listas, el diario te ofrece una vía para expresarte a nivel personal, convirtiéndolo en una experiencia única para cualquier persona. El objetivo es crear tu propia experiencia, y al hacerlo, disfrutar del proceso para que sigas deseando dibujar y escribir en tu diario.

Encontrar la belleza en el día a día

Cada día es diferente para cada uno de nosotros, y eso es lo que hace que nuestras historias sean únicas. Escribir todos los días nos da información sobre nuestras reflexiones cotidianas y una perspectiva sobre cómo vemos la vida. En el reto de encontrar constantemente la belleza en el día a día es donde ahonda el diario; es una forma de descubrir las pequeñas cosas que hacen que cada día sea memorable.

COMPLACENCY + tough LOVE
(needed that!)
this month's theme
SNIP, SNIP!
Finally got a haircut, right before Chinese New Year! # fresh
YASSS!
BUSY WEEKEND
for Vday
"Focus ON LITTLE VICTORIES"
新年快樂!
FEB. 13
convos + catch-ups + coffee!
LOVE
CALLIGRAPHY
#introvert
Spent some days alone painting & writing after weeks of non-stop events (& socializing!) whew.
February
→ signed books
→ did a live demo (!)
→ worked on a big mural
ART HOHOL on a HOLIDAY
with Vin, Kar & Jamie!
SPONTANEOUS SUNDAY Shopping
yay! scored these WHITE SNEAKERS at bargain price. # winning
KokoJam mix!
FEB 26
Tita Day
W/ BFF Den
WORK life BALANCE
gave 2 TALKS on PASSION & CREATIVITY
yumz
RAMEN
run w/ Tippeh & Pong
"Share YOUR heart WITH your art."
- Jaykee
best ADVICE I've received so far.
#notetoself
ABC
Yay!
MET UP W/ FRIENDS!
Hooray FOR HAVING FREE-TIME!

Objetivos y momentos destacados

Hacer un diario enfocado en objetivos y momentos destacados es una excelente manera de hacer que las cosas más simples sean memorables. Si bien es genial escribir estas cosas en busca de inspiración y motivación, ilustrarlas a través de garabatos y letras las hace aún más significativas.

Crear una "tabla con ideas" o "página de objetivos" es un método que puedes probar para escribir en un diario, especialmente al comienzo del año o del mes. Esto te ayudará a fijar la dirección de lo que te gustaría lograr con el tiempo.

Consejo rápido

Usa fotos como referencias al dibujar. Estos son algunos de los que utilicé para crear los aspectos destacados de febrero de 2016.

Por otro lado, recopilar todo en una "página de momentos destacados", que generalmente se realiza al final de cada semana, mes o año, es una excelente manera de recordar las cosas memorables que ocurrieron en un período de tiempo específico.

Al hacer este tipo de journal, es importante seleccionar objetivos, eventos y experiencias clave, y enfatizarlos. Con estos puedes construir una gran parte del diseño.

Intenta mirar Más Allá de lo Ordinario, Incluso los momentos Más Simples pueden ser Inolvidables.

Actividad

¿Qué mes fue el más memorable para ti este año? Escribe los recuerdos significativos de ese mes y crea una página de "momentos destacados" aquí.

NEVER
STOP
SETTING
GOALS

Diario de Comida

Dibujar alimentos es una de las formas más fáciles, accesibles y divertidas de hacer un diario.
Es simple: comemos todos los días, ya que es una necesidad. Es imposible no tener un tema para dibujar: ¡el truco es dibujar primero, por supuesto, antes de comer!

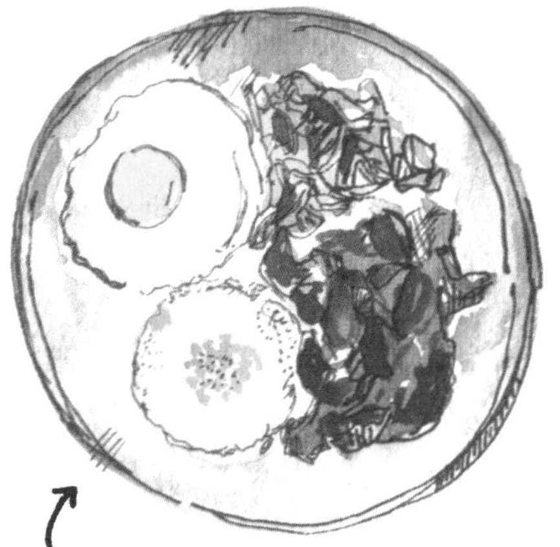

¡¡delicioso!!

Hay muchas formas de dibujar comida. Tu estilo puede ser realista y libre; o colorido y caricaturesco.

¡La comida está en todas partes! Visita el supermercado más cercano, come en tu lugar de "brunch" favorito, o incluso visita la despensa de tu casa para ver algunos alimentos que puedes dibujar.

saludable

Dibujar Alimentos es esencial, porque es cuando consigues observar los DETALLES efímeros más diminutos:

burbujas chisporroteantes cuando llega un plato de carne recién asada a tu mesa; sirope de fresa, ya que se vierte sobre una pila de tortitas; la multitud de colores que ves al entrar en una tienda de golosinas... la lista continúa. Tu tarea es capturar estos momentos en tu diario de la mejor manera que puedas.

¡¡dulce!!

Consejo rápido

Mantén tus colores vibrantes, especialmente cuando dibujes alimentos, ¡haz que luzcan siempre apetecibles!

Actividad

Dibuja tus desayunos semanales.
¿Cuáles fueron tus favoritos? ¿Qué hizo que disfrutases de esas comidas?

ENJOY
THE LITTLE
things

5 Things I'm Grateful For

Had COFFEE this morning. Yay FOR FUEL!

(surprisingly) the Weather COOPERATED and it didn't rain

NO LINE at the TRAIN!

Came home EARLY

Had a hearty bowl OF SOUP for DINNER

Listas

Crear listas en tu diario es una excelente manera de mantener tus pensamientos organizados. Entre los diferentes tipos de diario, la creación de listas es fácil, especialmente si eres una persona de pocas palabras. Esto te ayudará a generar ideas claras y concisas.

Hay muchas formas de componer tus listas. Personalmente, me gusta dibujar y escribirlas en orden cronológico. No existen reglas; siempre puedes probar diferentes formas de crearlas.

[El objetivo principal de las listas es mantener las cosas claras y en orden, especialmente si prefieres que los asuntos sigan un tema.]

Además de mantener todo en forma de lista, intenta explorar un enfoque más ilustrativo: puedes escribir a mano algunos elementos o usar iconos como viñetas para hacer que tus listas sean más dinámicas.

AQUI HAY ALGUNOS EJEMPLOS DE LISTAS POPULARES QUE PUEDES PROBAR.

Lista actual.
Una evaluación rápida de lo que estás leyendo actualmente, mirando, escuchando, comiendo, necesitando, deseando y echando de menos.

Lista de gratitud.
Un resumen de las cosas que agradeces todos los días.

Lista feliz. Una lista de cosas que te alegran.

Lista de frases.
Una lista de tus dichos favoritos y mantras que más te gusten.

Lista de deseos.
Una lista de objetivos que planeas alcanzar o desafíos que te gustaría cumplir.

Lista de favoritos.
Una recopilación de tus películas, libros, música, series de TV favoritas o cualquier cosa que puedas imaginar.

Lista de cosas que hacer. Una lista de cosas y tareas en las que debes trabajar y terminar en un período de tiempo específico.

Consejo rápido

Intenta enumerar cinco cosas importantes que te sucedieron hoy. Hazlo de forma breve y sencilla.

Actividad

De los ejemplos de listas en la página anterior, ¿cuál fue tu favorito? Elige una y crea tu propia lista.

Start today

WITH

Gratitude

Diarios

Entre todos los tipos de diarios, la forma más común sería una narración diaria de eventos y experiencias. Me gusta llamar a este tipo de diarios "cotidianos". Es crear algo memorable de la manera más simple posible.

> LA MEJOR MANERA DE ESCRIBIR SOBRE TU DÍA A DÍA ES HACER UNA CROŃICA EN UNA PALABRA, BOCETO O FRASE.

Si la inspiración te golpea, puedes decorar tu página jugando con diferentes herramientas. Inténtalo imprimiendo fotos, añadiendo pegatinas o animando tus publicaciones con elementos escritos a mano y con garabatos. También puedes incluir recuerdos.

o todo en negro

Juega con colores y patrones

Cuando se trata de escribir, hay muchas maneras de documentar cómo fue tu día: puedes escribir palabras clave simples y cortas, o tal vez una frase o dos. Puedes anotar cosas interesantes que sucedieron en tu día, que valgan la pena recordar; o tal vez pensamientos u otras reflexiones.

Consejo rápido

Añade tus garabatos, pegatinas y recuerdos antes de escribir el texto. Usa el espacio extra para poner pies de foto y notas.

Actividad

¿Cómo fue tu día? Dibuja o escribe sobre un encuentro interesante que tuviste hoy.

Make
TODAY
MATTER

Prompts

MI KIT ESENCIAL

Aparte de narrar experiencias cotidianas, otra idea es crear entradas basadas en "prompts": instrucciones que pueden ayudar a estimular tu creatividad. Los prompts son excelentes si deseas añadir variedad a tu documentación diaria: puedes jugar con diferentes pistas y desafiarte a ti mismo a pensar en algo nuevo e interesante para añadir a tus páginas todos los días.

Al igual que un libro de autógrafos que generalmente contiene una lista de información que puedes responder fácilmente (según las preferencias, por supuesto), los prompts surgen de forma similar.

La parte DIVERTIDA está en EXPERIMENTAR ENFOQUES diferentes CADA DÍA.

No dudes en ponerte a garabatear, pintar; inspírate y trabaja en diseños de la forma que desees.

La mejor forma de crear entradas en tu diario que usen prompts, es zambullirte en tu recorrido personal y dibujar detalles que formen parte de ti. Estos aportan más vida a tus páginas.

Actividad

¿Cuáles son tus necesidades diarias?
Compártelas en esta página.

AMAZING
THINGS
-WILL-
HAPPEN

Ornamentos

Aquí hay muestras de adornos que puedes usar. Estos son grandes ornamentos para los diseños de página de tu journal. ¡Disfrútalo!

BORDES

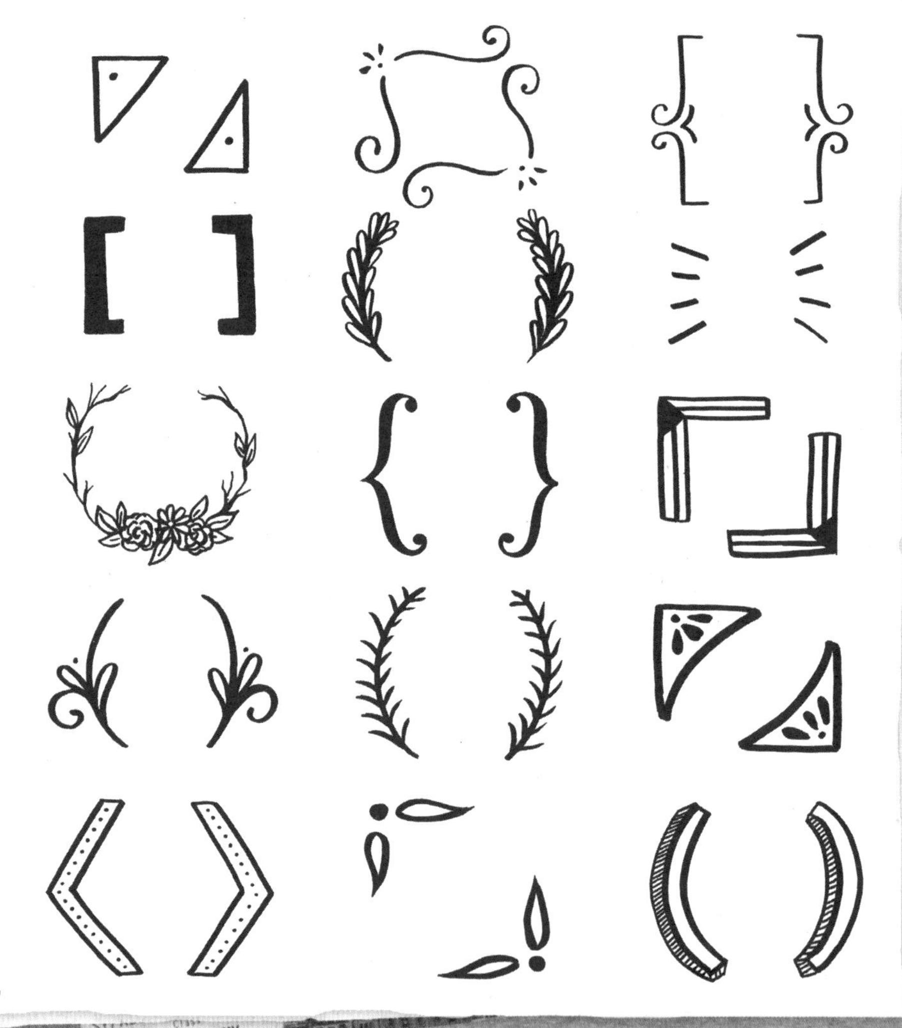

EL SÍMBOLO "&"

CARTELES Y CUADROS

Consejo rápido

Usa banderolas o cuadros para las fechas, los momentos destacados y los eventos importantes.

FUENTES

Serif

Aa Bb Cc Dd Ee Ff Gg Hh Ii
Jj Kk Ll Mm Nn Oo Pp Qq
Rr Ss Tt Uu Vv Ww Xx Yy Zz

Sans Serif

Aa Bb Cc Dd Ee Ff Gg Hh Ii Jj
Kk Ll Mm Nn Oo Pp Qq Rr Ss
Tt Uu Vv Ww Xx Yy Zz

Script

Aa Bb Cc Dd Ee Ff
Gg Hh Ii Jj Kk Ll
Mm Nn Oo Pp Qq Rr
Ss Tt Uu Vv Ww Xx Yy Zz

Consejo rápido

Estos son los estilos de fuente básicos que puedes usar, pero siempre puedes cambiarlos: ajustar la altura, el ancho y añadir sombras o contornos para que tus formas de letras sean únicas.

DIVISORES

Consejo rápido

Usa divisores para segmentar partes específicas de tus diseños con el fin de que sean más fáciles de leer.

Mi Diario de Viaje

Comencé con el JOURNAL en una fase temprana, y al principio fue una relación de amor-odio.

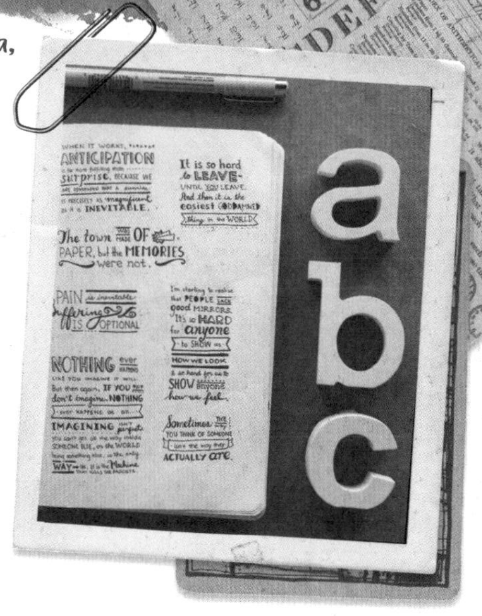

Hubo días en los que dejé de escribir a la mitad de la página o incluso días en los que temía escribir en mi diario. En su lugar, centré mi atención en otras actividades creativas. Dejé algunos cuadernos a medio terminar, y finalmente, tomé el impulso para continuar. Los primeros años los pasé escribiendo, así que decidí cambiar a un diario ilustrado. Fue desafiante pero divertido. Luego comencé la universidad y tuve que priorizar mis tareas escolares, así que cambié al uso de un planificador, sin dejar espacio para la documentación personal. Al mismo tiempo inicié un art Journal en el que expresar mis ideas y cuando comencé aventurarme en la edad adulta, volví a escribir sin parar.

Echando la vista atrás, es sorprendente ver cómo mis diarios durante ese tiempo, eran ventanas abiertas a mi pasado: cómo veía el mundo cuando estaba en la escuela, cómo describía mis pensamientos después de ver una película, o cómo escribía a mano y estructuraba el espacio en los últimos años. Era una autobiografía en su forma más pura y orgánica.

Finalmente, se convirtió en un punto de partida para descubrir lo que me encanta hacer: Arte y Compartir Historias.

Me dije que si fuera posible hacer una crónica de cada momento de mi vida, lo haría. Tal vez es por eso que escribir un diario me importa mucho, especialmente ahora. Me gusta mirar atrás en muchas cosas, y detenerme en puntos específicos, momentos especiales en mi vida. Por mucho que me guste vivir en el pasado, el futuro siempre me excita. Tengo la costumbre de dibujar mis metas y sueños en cuadernos. Me sirven como un recordatorio para tomar medidas, seguir creando y hacer que las cosas sucedan.

FINLAND LIN
notebook
クラフト紙, 無罫, 64 ページ
Kraft Paper, Blank, 64 pages
Flagship shop
NAKAMEGURO
and
AIRPORT
TRAVELER'S FACTORY ONLINE SHOP
www.tfa-onlineshop.com
Twitter @travelers_fac
Facebook:
www.facebook.com/travelersfactory
BY AIR MAIL
BESPOKE
BONNE CHANCE
Always Creating

CAPÍTULO 3

Diario de Viaje

Introducción

Recopilando Momentos de la Ruta

Mi primer intento de llevar un diario de viaje fue durante mi primer viaje por Europa. Empecé a dibujar después de estar una hora haciendo cola para entrar al Museo del Louvre.
Un año después, hice un viaje como mochilera por el sudeste asiático y pasé 30 días moviéndome. Viajé a cinco países de diversas culturas. Volví con un cuaderno lleno de aventuras de todo un mes. En ese momento, supe que había descubierto una nueva forma de documentar mis recuerdos.

La belleza de aventurarse en un territorio desconocido es la base de mi amor por los viajes. Llevar un diario de viaje me ayuda a entender mi entorno y me da libertad para interpretar cómo veo las cosas. A medida que pasan los años y hago más viajes, he aprendido a apreciar y capturar la belleza de donde estoy en ese momento exacto, e inmortalizarlo para siempre en las páginas de mis diarios de viaje.

Utilizar las herramientas adecuadas

No hay herramientas correctas o incorrectas para usar en tu diario de viaje. Todo depende de ti.

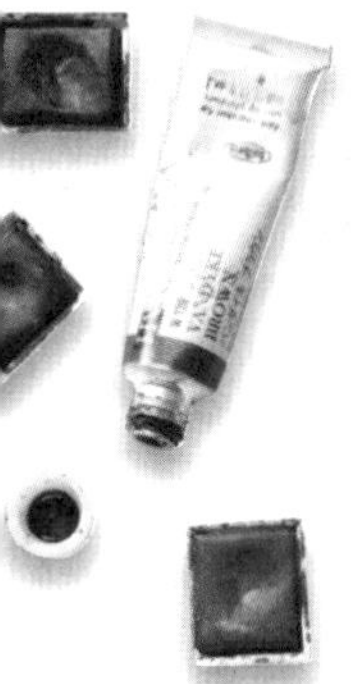

El mejor material que puedes usar es lo que tienes contigo: ya sea un bolígrafo, un juego de acuarelas o un conjunto de lápices de grafito. Adaptarte a cualquier medio te permite seguir experimentando.

Documentar Tu Experiencia

Cada uno de nosotros puede tener su propia forma de experimentar con su diario de viaje; eso es lo mejor de todo. Ya sea llenando tus páginas con billetes y fotos, bocetos de varios lugares, garabatos de notas y breves anécdotas sobre tu viaje, o una combinación de todo. Las posibilidades son infinitas.

La documentación personal es una gran manera de ejercer tu creatividad y poner tus pensamientos en papel.

Dibujar en el sitio

La mejor parte de dibujar en el sitio es llegar a ser testigo de primera mano de la belleza de lo que ves, y capturar ese momento tal y como está sucediendo ante ti. Ya sea en una calle concurrida o en un rincón tranquilo, dibujar en el sitio te reta a ser un observador con los ojos bien abiertos hacia tu entorno actual.

Hay muchas oportunidades para dibujar en el sitio mientras viajas.
Mira a tu alrededor: muchas cosas están esperando a ser dibujadas: cafés, museos, sitios arquitectónicos, estaciones de tren, letreros de calles, comida, gente.

[La clave es simple:
Mirar, pero Mirar de Verdad.]

Me gusta dibujar en un lugar de mi conveniencia. Si el clima es extremadamente caluroso o frío, hago un trazado a lápiz en el sitio y me voy a la cafetería más cercana para terminar mi boceto. Intenta trabajar con lo que tienes e improvisa a medida que avanzas. Por ejemplo, si lo que estás dibujando se va antes de que puedas terminar, puedes esbozar “las partes que faltan” basandote en algo similar.

Consejos para dibujar tu viaje

¿Listo para documentar tu próximo viaje? Aquí hay algunos consejos a tener en cuenta a medida que creas tus diarios de ruta:

SIMPLEMENTE EMPIEZA

Una idea errónea común sobre el trazado de viajes es que tienes que planificarlo todo. ¡No es verdad! De hecho, no esperes hasta que esté "listo para dibujar". Has de estar siempre preparado. Ten tu lápiz y cuaderno a mano. Son esos momentos instantáneos los que hacen que la experiencia sea espontánea y motivadora para comenzar a dibujar.

Cualquier tipo de boceto comienza con formas, el elemento básico del dibujo. Hazlo simple, dibujando y creando pautas sobre lo que quieres plasmar. La composición de tu boceto vendrá a medida que avances en el proceso. No te abrumes pensando en el resultado, solo relájate y déjate llevar.

DIBUJA LO QUE VES, NO LO QUE SABES.

Los bocetos del viaje tienen que ver con la perspectiva: Basándote en cómo la ves y no en cómo se ve realmente.

También puedes elegir centrarte en partes específicas de lo que ves. Analiza tu entorno y hazte preguntas: ¿por qué los colores y los patrones son así?, ¿por qué la arquitectura aquí es diferente de donde yo vivo? Estos pequeños detalles mostrarán el aspecto general de la escena que estás capturando.

CREA Y LUEGO ORGANIZA

Cuando esboces, presta atención a los aspectos destacados y específicos de tu viaje.

¿Qué es lo que más te interesa del lugar?, ¿la comida?, ¿la arquitectura?, ¿las señales de las calles?, ¿cualquier sitio en particular que llamó tu atención? Estos merecen tener un lugar en tu diario. Dibújalos.

MANTÉN TU DISEÑO LIMPIO

Al igual que cualquier otra forma de arte, mantener un diseño limpio es la clave. Debes asegurarte de que tus páginas se centren en temas simples pero específicos, como una ciudad en particular que hayas visitado, o tal vez un resumen de los alimentos que has comido durante tu viaje. Crea un buen equilibrio de temas y deja algo de espacio para escribir y para otros elementos.

Cuanta más variedad mejor.

EXPERIMENTA y da RIENDA SUELTA

Experimenta con diferentes herramientas y materiales. Me gusta trabajar con acuarela y tinta, pero hay casos en los que uso un bolígrafo o marcadores para dibujar. Con esto consigo que mi trabajo se mantenga fresco y sea un poco diferente del trabajo en el que normalmente me siento cómoda. Cambia cosas y observa cómo te funcionan.

Igualmente, mantenlo flexible. Las líneas imperfectas hacen que tu trabajo resulte bonito.

No te limites demasiado a lo que es “correcto”. ¿Se derramó accidentalmente algo de café en tu página? Déjalo y hazlo parte de tu obra de arte.

Algunas técnicas que puedes aplicar a tus bocetos:

- Crea contraste aplicando sombras y colores a diferentes elementos.
- Añade líneas más gruesas al lado de líneas finas para crear profundidad y dimensión.
- No termines tus bocetos. Dejarlos sin terminar hace que tu trabajo se vea más orgánico.

JAPÓN
京友禅の技法で染めた和紙・型染紙を使ったマグネット。和紙の鮮やかな柄と柔らかい風合いをお楽しみ下さい。
Donburi Yokocho, Hakodate
fresh seafood!
Gion, Kyoto
let's eat!
matcha made in heaven
Shimokitazawa, Tokyo
Totoro cream puff!
can't say no to coffee!
Shibuya, Tokyo
いただきます!
BOARDING PASS
NAME SY/ABIGAILCLAUD
FROM SAPPORO
TO SEOUL
DATE 22APR14 E
SEAT 좌석 37G
FLIGHT 편명 KE 766
AISLE
POST
郵便
国民公園 新宿御苑
Shinjuku Gyoen National Garden
first trip to Hokkaido, JP
秋葉原
両国
錦糸町
しんこいわ

TOKYO
82
NIPPON
0 6 APR 2016
First time wearing
a kimono! such an
unforgettable experience.
新宿
Shinjuku
Transport Authority T.V.L.
RESERVED SEA
(1st Class
Departure
Arrival
Car No. Seat
ONE WAY
T.V.L.S.
RAILWAY
CENTRAL
FARE 3.50
STANDARD TICKET
310701
熊本城
年 月 日
領
4月11日
オオミヤエ
⇒ナリタ
本
新
1516
JAPAN
ピンズDX 山手線
605 480691
日本商品化許諾済

Visiting Northern Europe
was surprisingly memorable—
I spent my last day of 2015 at
Stockholm's Old Town, walking
alone in zero-degree weather
felt much like a dream.
4 OUNCES
SUNDAY DINNER
BRAND
FINEST
ORANGE PEKOE
TEA
SCHLOSS & KAHN GROCERY Co.
MONTGOMERY, ALA.
GATE
BOARDING TIME
37C 12:45
GROUP 2

GRIPS HOLM
SVERIGE 7KR
Being in transit for 2 weeks wrapped in layers of clothing and cold weather was crazy, but we survived. There's definitely nothing like spending the holidays in snowy countries paired with gastronomically good food—and good company.
17A....... ca. 200 g.......
Uden fedtkant og med sin helt egen smag.
A steak without a fatty edge. Unique flavour.
KONGENS NYTORV
NYHAVN
M/S Silja Serenade
Cabin: 9714
A
50387065 B410747 54305367
Helsinki-Stockholm 29.12.2015 17:00
SY ABIGAIL CLAUDINE
29.12 20:00 Grande Buffet 41.00EUR
30.12 07:00 Grande Buffet 12.50EUR
ESCANDINAVIA
COTTAGE

Eintrittskarte
Preis siehe Anschlag
Nicht übertragbar
68921
68921
VIA
AIR
MAIL
BUTTERBEER
yer a wizard, Abbey!
Harry Potter studios in London.
C BRUSSELS
10 APR 2015
Visiting Central Europe has always been a dream. From the beautiful architecture to the diversity of each country, there's always something new to discover.
#ABCEnRoute
1 EURO
made a wish at the Trevi Fountain in Italy.
took the Metro going to Musee de Louvre.
TICKET
optile
RATP
SNCF
BUS
T
M
RER dans Paris
stif
stif
00062557
GAD. A3
REPUBLIQUE FRANCAISE
0,45

EUROPA
35
TITLIS
ENGELBERG
Holland Tulips in Volendam
BIKE LANE
41P
Holiday well-spent in London, United Kingdom, year 2013.
25 DEC
PARIS CINE
30 ADMIT ONE 30
SENNELIER
favorite art store in Paris, just across the Seine River.
BTA Welcome to Britain

BooksActually is ONE of my FAVORITES – it feels like an adventure walking into the store. Tucked in the TIONG BAHRU NEIGHBORHOOD makes it even more cozy + & NOSTALGIC.

Three reasons why I go to Singapore: art, books, and coffee.
01 AUG 2014
NATIONAL GALLERY SINGAPORE
Late lunch at Group Therapy.
This place always, always feels like my 2nd Home.
AIRLINES
FROM MNL TO SIN
DATE DECEMBER 7, 2015
BON VOYAGE TNC
ADMIT ONE 105034
ADMIT ONE 105034
THE GREAT DISCONTENT I
SSUE 3
977237207600603M
PC:977237207600603
SGD 39.00
BASHEER GRAPHIC BOOK
enquiry@basheergraphic.
(almost) SG 50
My first SOLO TRIP ABROAD TO SG [2014] TAUGHT ME THE IMPORTANCE OF self-CARE - and most of all, enjoy my OWN COMPANY as I wandered around unfamiliar territory. And yes, I enjoyed it.
TABLE NO. 3
COFFEE MENU

NAME OF PASSENGER
SY/ABIGAILCLAUDINE

From TAIPEI /TPE
To MANILA
33

Carrier	Flight	Class	Date	Departure Time
5J	313	Y	30NOV	2115

GATE 登機門	BOARDING TIME 登機時間	SEAT 座號
A8	20:40	6B

AVML JHWWTR

復興航空 TransAsia

TAIWAN

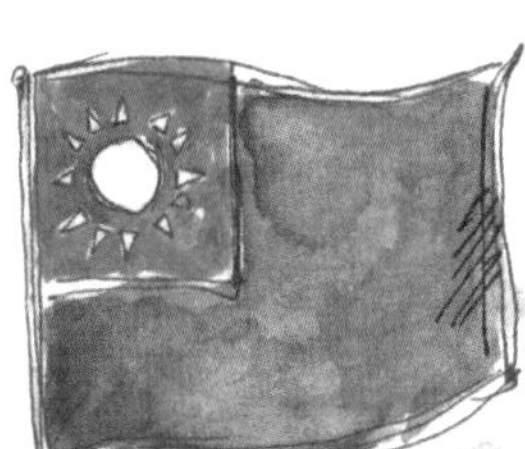

Taipei, Taiwan is easily one of my favorite cities. It's not as fast-paced here and I like the different traditional & modern sites in the area.

↳ commuting was efficient too

中正紀念堂

Chiang Kai-Shek Memorial Hall

台北101

Golden hour at the observatory deck ☺

SEQ-0031
TPE 5J 310
26NOV

華山1914

Visited a creative park called Huashan 1914. It was nothing short of amazing.

十一月二十六日

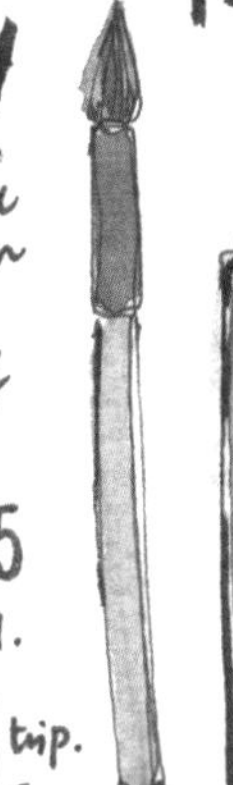

29 NOV 2015

Favorite museum was TFAM. Glad I got to visit & check out the exhibits during my trip.

立美術館北

got myself calligraphy tools in Jiufen

鼎泰豐
Budget-friendly lunch fare.
阿宗麵線
59-0040625
奧斯卡禮品
$100
Finally got to try Din Tai Fung's Xiao long bao! A+.
士林夜市
Shilin Night Market
BEST EVER.
Enjoy everyday!
貳拾陸巷 | Somebody Café
one of the nearby cafes in Ximending. Got to visit here before going to the airport!
九份舊道 Jiufen
27 NOV 2015
Quick trip to Jiufen, which was all sorts of nostalgic & beautiful. Loved the view from up top and the cold weather.

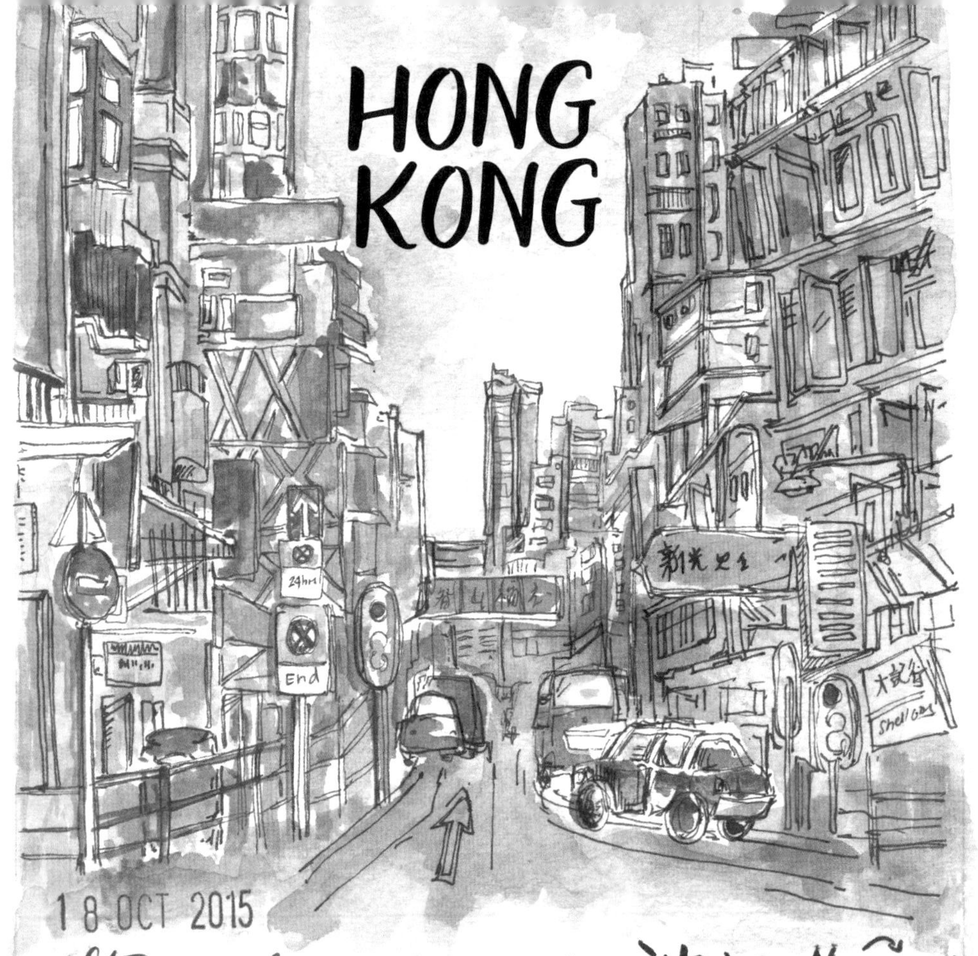

After a grueling couple of months, this escape to Hong Kong was timely.

油麻地 (YAU MA TEI) → afternoon well spent here.

During my short stay, I slowly found myself observing architecture, color schemes, & packaging design, among others. What I love most about this city is how efficient it is — and you know that it's built from it. From transportation to food to everything in between, this is the kind of energy I needed to experience in a very unfamiliar place.

Lunchtime situation at Lin Heung Tea House involved scrambling for the freshest plate of dimsum from the kitchen. What an experience!

→ Mandatory visit to Artland to get a few paints. Also dropped by Basheer Design Books to grab a couple of reading materials for the flight back home. Yay!

SUDESTE ASIÁTICO
My life for 30 days' worth of adventures is in this back pack.
Mekong Express Limousine Bus
PHNOM PENH ↔ HOCHIMINH
I · 275F
II 215
Nº 021734
Bus trips for cross-country travels.
09 JUL 2014
First time to go backpacking around Southeast Asia with Tricie. Here's to exploring & seeing more of what this region has to offer.
BEST. COFFEE. EVER.
Bound for Mekong River cruise.
DU LICH
Vietnam was our entry point.
From hidden cafes to meeting new people in a span of 4 days, Ho Chi Minh was an eye-opener.
TO CHINATOWN 6KM
14 JUL 2014
My first time to send postcards was at the Phnom Penh post office.
So much of what you are is where you've been.
CAMBODIA consisted of culture, (more) cafes, temples, and tuktuks (of course!). Let's not forget curry, and side trips to the central market for pasalubongs & souvenirs.
CAMBODIA POST

CHIANG MAI
taught me to take things slow and embrace the quiet rural life. It was a good midpoint to our month-long journey across different countries.
Funky Dog Cafe. Spent an afternoon here while Tricie was having her siesta. This was just right in front of our hostel in Chiang Mai.
BOOKS
Free Bird cafe. It was raining so we spent a whole afternoon here.
"I believe that in the process of discovering the world, we discover ourselves."
Singapore
brought me back to the city life - and it was a week full of meetups with friends.
TO THE AIRPORT 7KM
CENTRAL BUS SERVICES
RETURN TICKET
T.Y.L. Incorporated
510409-B
CAMERA MUSEUM
We spent days locked up in small cafes writing, reading, & drawing.
WANTAN MEE (RM 3.00)
Penang was a beautiful stop-over, and a reminder of heritage and life from way back.
200
35mm colour film
Spent a good few hours geeking over photography at Georgetown's Camera Museum.
Kuala Lumpur
22964 STEPS
OMG.
it's okay to want something for yourself
Kodak
Got matching disposable cameras for the last leg of our trip.
A glimpse of Jalan Alor Food Market in KL.
10 AUG 2014

FILIPINAS
Hello from Quezon City.
my workspace is an attic!
ABBEY ROAD NW8
The ABCs of Hand Lettering
Always Be Creating
R S T U
ORGANIC CAFE
PRODUCT OF GUATEMALA
ROASTED ARABICA COFFEE BEANS
PREMIUM QUALITY
100% ORGANIC
TABLE NO.
Most of my days in Manila are spent creating, especially in my attic and at times, in nearby cafés. I like locking myself up to write & draw & just reflect on life in general.
#theroadtoabc

BOARDING PASS
Name of Passenger
SY/ABIGAIL CLAUDINE
To
DAVAO
Seq: 211
Class
V
Flight
5J963
Date
07MAY16
Seat
20E
SSR: (BG15,WAFI)
AIR MAIL
BY AIR MAIL
BY AIR MAIL
I went to Davao for a book signing last May. It was fun!
There's no place like Home.
Escapes for me are quite rare - but if they do happen,
I like going out of town with friends. This view was from
Laiya, Batangas during my 23rd birthweek. We caught
the sunset and spent the whole afternoon by the seaside. I'm
reminded of how beautiful it is to just sit back & watch
the waves roll by - and that it's important to unwind, too. 01/12/16
Isda
Sorbetes
Buko
SORBETES

Colección de Recuerdos

Cualquier cosa hecha de papel que sea coleccionable vale la pena guardarla. Algunos ejemplos para tu colección de recuerdos que puedes encontrar en tus viajes son fotos, mapas, recibos, tickets, sellos, tarjetas postales, etiquetas de precios, recortes de periódicos, notas, mensajes y facturas antiguas.

CONSEJOS PARA UN JOURNAL AL ESTILO SCRAPBOOK

Hacer un scrapbook de tu viaje es una buena forma de reunir pequeños fragmentos de tu colección de recuerdos que has recogido en tu ruta. Aquí hay algunos consejos sobre cómo utilizarlos.

Mezclar y combinar

Elabora diferentes combinaciones de colores y patrones. Te sorprenderá lo dinámico que acabará quedando tu scrapbook.

Hazlo tú mismo

Personalízalo creando tus propias pegatinas y etiquetas. Verás que tus páginas se vuelven aún más bonitas y únicas.

Todo vale

Cuanto más aleatorias sean tus páginas, mejor. No me presiono para conseguir buenas páginas. Solo me aseguro de que todo tenga su espacio en cada página de mi scrapbook.

El ingenio es clave

Usa lo que tienes. Imprime algunas de tus fotos favoritas; sé creativo con tu colección de recuerdos, pegatinas y cintas; recorta las hojas viejas de un periódico para dar énfasis a tu página… la lista continúa. ¡Combina con ingenio!

Consejos para Documentar tus VIAJES

① Hazte tu kit portátil de materiales para documentar el viaje, y poder tenerlo siempre a mano.

Explora lo que hay a tu alrededor. Son las pequeñas cosas las que hacen que tu experiencia de viaje sea única; no las atracciones famosas o los lugares de interés.

Muéstrate abierto y flexible a las cosas nuevas. Aprende a adaptarte a tu entorno.

④ Disfruta el proceso creativo. No te presiones tanto. Disfruta de cada momento que consigues crear y dibujar.

Tómate tiempo para documentar. Ya sea en el albergue, mientras estás en una cafetería acogedora o esperando tu vuelo de vuelta a casa, tómate un tiempo para sentarte, recopilar tus ideas y dibujar.

And you?
When will you
begin that long
journey
into yourself?

CAPÍTULO 4

Galeria de Artistas

POONA RACES
71 3/7 %
BY AIR MAIL
From:
STANFORD'S
GENERAL MAP
OF
THE WORLD
ON MERCATOR'S PROJECTION
PACIFIC
AMERI
SOUTH
OH THE PLACES YOU'LL GO
NOVEMBER
MUST BE PRODUCED WHEN TRAVELLING
NOT TRANSFERABLE
2015
WHITE STAR LINE
STATE ROOM
TRAVELER'S STAR
K L M N
Philippines
1112

1ST CAR RIDE HOME DEC 31 2015 WITH LOLO MIKE!
NOT A FAN OF BRIGHT LIGHTS!
COVERED HIS EYES W/ HIS HANDS WHEN HE WAS JUST 2 DAYS OLD
1ST VISITOR: LOLA EDNA
SHE SAW RYE RYE BEFORE GOING TO THE RECOVERY ROOM
51 CM LENGTH
BORN AT 06:09 PM
SPENT 40 WKS INSIDE MUMMY'S TUMMY!
12TH WK ULTRASOUND, RILEY WAS DOING SOMERSAULTS!
6 LBS. + 7 OZ
WAS BORN WITH SO MUCH HAIRRR!
REFUSES TO BE WRAPPED LIKE A BURRITO
TIMOTHY
BORN ON DEC 29, 2015
BEHIND THE NAME
FOUND "RYLEE AND GRU" ON FRANKIE MAGAZINE THEN DECIDED TO NAME HIM RILEY (BEAR).
RILEY!
T R
FIRST LETTER OF MOM'S FIRST NAME
FIRST LETTER OF DAD'S SECOND NAME
WOULD HAVE BEEN NAMED:
1/ BOK CHOY
2/ AMPERSAND
3/ IGOR
DAD
LOLO FRANCIS
LOLA EDNA
DAD
MOMMY
LOLA LIZ
LOLO MIKE
DAILY OOTD:
MITTENS SOCKS! BONNET DIAPER WRAP-AROUND TOP
31ST WK ULTRASOUND
IT WAS DISCOVERED THAT RILEY LOVES THE SOUND OF ZUMBA MUSIC (THANKS TO MOM'S WORKOUT). HE HATES THE SOUND OF MOTORCYCLES THOUGH.
IF RILEY CAME OUT ON CHRISTMAS DAY, HE WOULD'VE BEEN CALLED RUDOLPH OR FROSTY.

Googly Gooeys

Nueva mamá / Artista / Fotógrafa / Blogger

Cómo hago el Journal

Me gusta escribir y garabatear en mi diario, en parte como ejercicio y en parte como forma terapéutica para relajarme mientras mi bebé está dormido. Al tratarse de un proyecto personal y no un trabajo para un cliente, me permito directamente entintar. Comienzo en el centro con el nombre de mi hijo Riley y trabajo en el papel llenándolo con texto y garabatos. Después de eso, procedo a colorear todas las formas y adornos.

Qué contiene mi Journal

He escuchado a los padres decir muchas veces que los niños crecen muy rápido. No me lo creí hasta que me convertí en mamá el año pasado. Mi diario va principalmente sobre los últimos acontecimientos y peculiaridades de Riley, ya que sus hábitos tienden a cambiar cada pocas semanas. Me gusta escribirlo todo para poder algún día mirar hacia atrás y leerlo con él.

Qué utilizo

Bolígrafo tipo pincel: me encantan porque aportan líneas gruesas y finas a mis garabatos y textos. Lápices de colores: los colores son vibrantes y no hay necesidad de preocuparse por las manchas de tinta.

Mikka WEE

[Escritor de comida y viajes]

Cómo hago el Journal

Escribo el 90% del tiempo. Me gusta coleccionar recuerdos (billetes de avión, recibos, billetes de autobús, sellos, etc.) y usar un washi para pegarlos en mi diario. Aparte de la cinta washi, estoy obsesionado con las pegatinas y los bolígrafos de diferentes colores porque aportan mucha vitalidad, fuerza y carácter a lo que escribo.

Pero, por lo general, acabo usando un bolígrafo negro porque siento la necesidad de anotar las palabras que tengo en mi cabeza antes de olvidarlas. Así que la mayoría de las veces, ¡simplemente utilizo cualquier bolígrafo que esté por ahí y escriba!

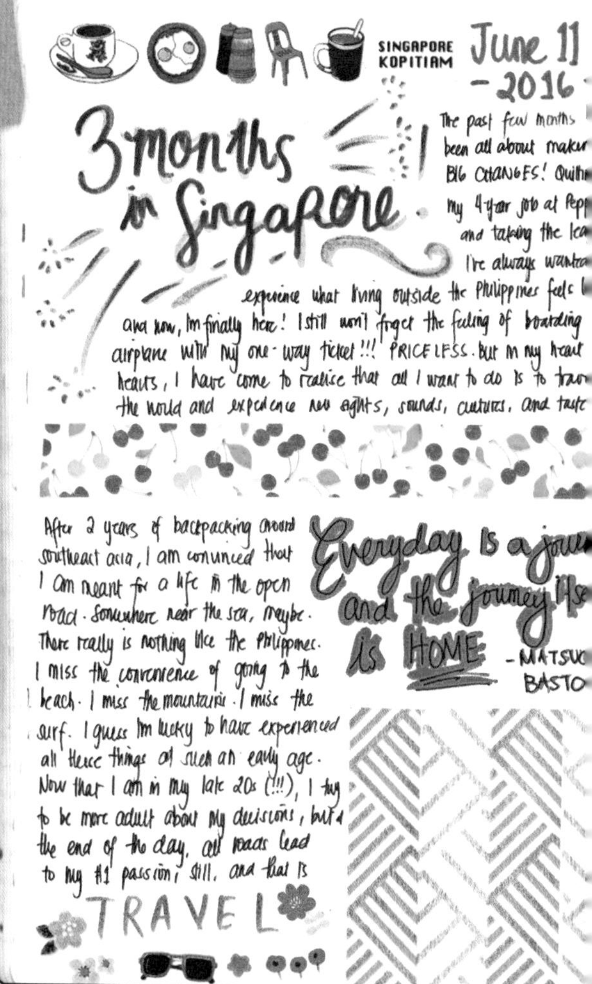

Qué contiene mi Journal

La escritura de mi diario está motivada principalmente por momentos. A veces, simplemente llega el momento y me veo obligado a escribir y a vaciar cualquier pensamiento o idea que tenga en mi cabeza. Los acontecimientos también son muy importantes para mí: como ese día que vi un concierto yo solo por primera vez, o aquella vez que volé con un billete sólo de ida a Singapur.

SCANDINAVIA!!!

also pretty stoked to travel to Copenhagen and Sweden next month! Apart from needing
ittle break and some R&R, I think this would be a good way to experience nature
again. Sweden is rich with mountains and forests, and hopefully I get to do a short
. Would also love to sit by the sea in Copenhagen and breathe in the countryside. I
so excited! My friend Andi,
al, have been united by the
verse, haha. She and I want
go around Europe backpacking
d jump on an exchange pro-
m where we could help out farms
exchange for free food and lodging.
uchsurf our way and travel w/ as little expense as possible. Planning to go to
ain, Italy, France, and Greece. And then by the time I'm 29, I would very much love
spend my 30th in Iceland. WHAT A DECADE! I really cannot wait. There's something
about LIVING FROM A SUITCASE that forces
you to be humble and live & survive within
your means. My friend Jonny once told Andi &
that the best thing or rather, the great thing about travel is that the only
iggage you carry with you is your backpack. This sparks a whole new drive
me to live simply and save enough money to see more of the world.

Iceland nyc
Patagonia Spain

Live, Travel, Adventure, Bless, and don't be sorry. JACK KEROUAC

elieve that we only we have one
to live, and it is our duty to live it well. It's good to be responsible, but
e sure to always leave a lot of room for mischief and adventure. x

A veces, los recuerdos más valiosos surgen de los eventos del día a día. Hubo una vez en que mi perro Rocket se me acercó y me apoyó su cabeza mientras yo estaba teniendo un mal día; y ese momento cambió mi día instantáneamente. Me gusta escribir sobre cosas pequeñas como esta, y tener algo bueno que recordar cuando sea mayor; puede ser un acontecimiento, una lección o un sentimiento. ¡Es la historia de mi vida escrita en papel!

Qué utilizo

¡Me gusta usar bolígrafos, marcadores de colores, cinta de washi, pegatinas y sellos! Pero, ¡dame solo un cuaderno y un bolígrafo y seré feliz!

TODAY Today To-Day Live

Live DREAM LOVE then DO MAKE things

Kaila OCAMPO

Blogger estilo Kawaii

5 27 金

It's been five years?!

I can't believe that it's been 5 years since I moved to JP. I can still remember how nervous/excited I was when my brother brought me with him. ;_; This month of May would always remind me of that day... the day that changed my whole life.

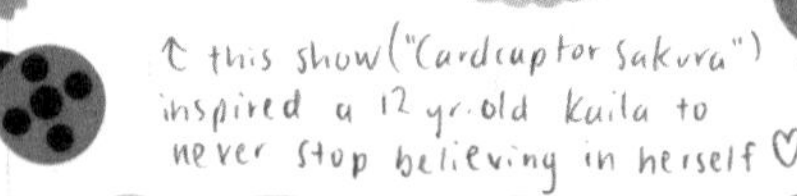

Living in Japan has its own share of ups & downs. But those learnings (masked as failures) and small victories in daily life made me who I am today. That wisdom I gained in 5 years is something that I would treasure so close in my heart.

WORLD, bring it on!

5 28 土

Someday,

♡ have my own bac

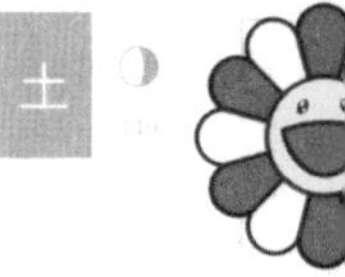

♡ travel around J
a) the beautiful pr

♡ b) travel around
Bali, Vie-
(LA/N

I'm on ♡ my way!

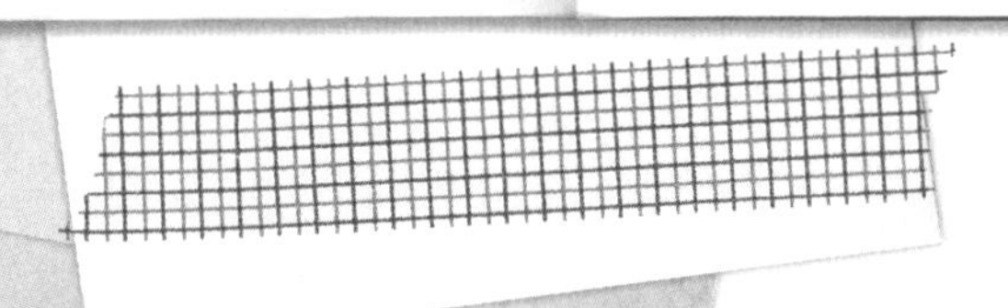

PEGATINAS ILUSTRADAS UTILIZADAS PORCHICHI ROMERO / LITTLE MISS PAINTBRUSH

Cómo hago el Journal

Me gusta que mis páginas reflejen mi espontaneidad, y es por eso que no tengo un proceso exacto a la hora de hacer un diario. A veces, creo un collage de panfletos o tickets acumulados, y los pego en las páginas de mi diario usando pegatinas o cintas washi. Me gusta cortar y utilizar partes pequeñas de mi colección de recuerdos.
La frecuencia y el flujo dependen de mi estado de ánimo. Sin embargo, una cosa de la que estoy seguro es de hacer que la entrada final sea de estilo kawaii.

Qué contiene mi Journal

Victorias grandes y pequeñas, descubrimientos cotidianos, cosas de las que estar agradecidos (grandes o pequeñas, no importa), sueños y aspiraciones en la vida, momentos con familiares y amigos, y reflexiones.

Qué utilizo

Mis herramientas favoritas son mis pegatinas de 100-yen, las cintas MT washi, hojas con sellos de tren y los post-its en colores pastel.

Robert Alejandro

[**Artista**]

Qué contiene mi Journal

Documento mis viajes a través de mis diarios. Desde que era joven, he estado dibujando durante mis visitas a diferentes países.

Cómo hago el Journal

Dibujo en el acto. No me gusta hacer una fotografía y dibujar; parece que se tratase de trabajo. Me gusta pasar un rato tranquilo solo dibujando en mi diario, no me importa que la gente se detenga a hablar conmigo o me vean dibujar.

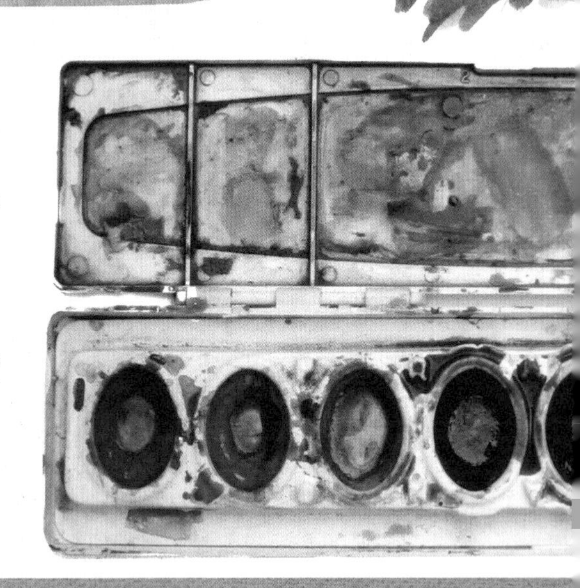

Qué utilizo

Acuarela, lápices de colores, pegamento y un bolígrafo negro (económico pero práctico).

Gaby GLORIA

Escritora

Cómo hago el Journal

Comencé a escribir un diario en la escuela como una forma de documentar mis experiencias cotidianas, pensando en lo bueno que sería regresar algún día y leer lo que escribí. Finalmente, mi diario se convirtió en un lugar para descargar todos mis pensamientos y sentimientos sin preocuparme por lo que otras personas pensasen.

No tengo un horario fijo para escribir, todo depende de lo que siento.

En “Memory and Imagination”, Patricia Hampl escribió: “No escribo sobre lo que sé: escribo para saber lo que sé”. Así es como funciona el proceso de escritura de mi diario. Por lo general, comienza únicamente cuando recuerdo algo interesante que hice o una idea al azar que tuve durante el día, y luego añado mis ideas y comentarios.

Últimamente, no he tenido mucho tiempo para el diario, así que he desarrollado el hábito de hacer listas con breves descripciones. Me gusta pensar que, por lo menos, tengo que tomar nota de mis pensamientos de alguna manera. Añado collages, pegatinas y otras decoraciones; tanto antes como después de escribir el texto principal.

Qué contiene mi Journal

Suena aburrido, pero mis diarios están llenos de fragmentos de texto. Estos abarcan de todo, desde citas de artículos, libros y canciones, hasta pensamientos, observaciones y logros. También me gusta recopilar y pegar pequeños recuerdos para marcar las experiencias que me han afectado de alguna manera (por ejemplo, entradas de conciertos, pedazos de papel de clase, el horario de la UCI del hospital).

Qué utilizo

Aunque no soy muy original y suelo usar cualquier boli que esté por ahí, disfruto mucho escribiendo en el diario con mis rotuladores Muji negros (0.5 y 0.3 pt) y marcadores de colores de doble cara. También me encantan las cintas washi y las pegatinas (especialmente las holográficas).

"Childhood worship
and early death —
we are the sum total
of everything we
remember."
- Kerima Polotan Tuvera
"Memories"
GRAMMAR NAZ

Reese Lansangan

Cantante-compositora y Artista visual

Cómo hago el Journal

Tengo diferentes tipos de diarios. No soy tan fiel como otras personas en el diario o la documentación, pero mis publicaciones se dividen en algunas categorías principales: ideas, listas de tareas y cosas cotidianas que actualizo periódicamente: viajes, un pequeño cuaderno de bolsillo para notas, material diverso, algo así como un diario personal que escribo durante mi tiempo libre en tránsito; y proyectos grandes, un gran cuaderno para todas las ideas, bocetos, garabatos, trabajo de diseño, contactos, recursos para proyectos específicos en los que estoy trabajando.

Qué contiene mi Journal

Material de cada día: Tareas, ideas aleatorias que obtengo donde quiera que esté, notas sobre cosas que estoy leyendo, letras de canciones, y nuevas cosas que descubrí. Metas y grandes proyectos. Todo el proceso de mis viajes. Recuerdos, representaciones físicas de lo que me ha pasado y he visto. Me centro más en los objetos reales que en el dibujo.

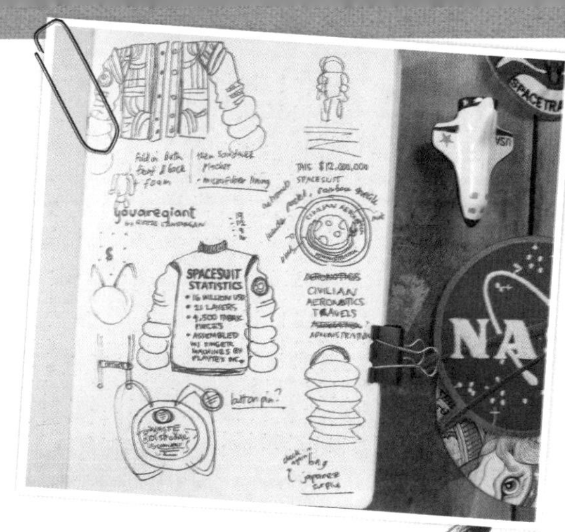

Qué utilizo

Mis herramientas favoritas para escribir son, mi cuaderno Midori - tamaño pasaporte (un cuaderno eficiente y práctico), una cámara instantánea, una pluma fina de 0.2 (la pluma que llevo conmigo), pegamento resistente, adhesivos, notas adhesivas grandes (para listas), rotulador (para garabatear y rotular), marcador fluorescente suave y mi colección de recuerdos (que llenan la mayoría de mis diarios).

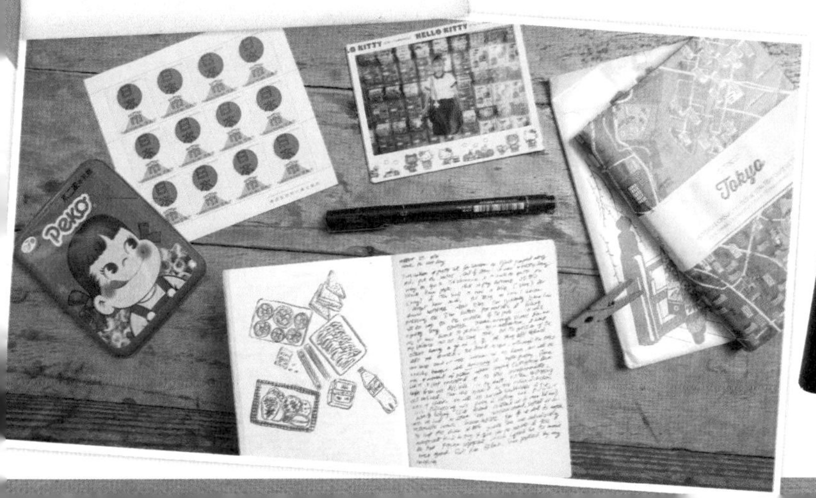

Mall Licudine

Artista visual, illustradora y escultora

Cómo hago el Journal

Primero, hago un boceto con mi portaminas en mi bloc Moleskine. Luego pinto con acuarelas, gouache y tintas. También hago un collage de medios mixtos con mis cintas adhesivas, pegatinas, y a veces, recortes de papel. Luego pego fotos pequeñas, y por último, escribo algo que he experimentado sobre mis sentimientos y pensamientos, eventos, malos y buenos momentos, alimentos, etc. También hago cómics.

Qué contiene mi Journal

Escribo sobre mis experiencias, desde mis comidas favoritas hasta pensamientos y sentimientos, desafíos y recuerdos divertidos con mi familia o con mi novio, y frases inspiradoras.

Qué utilizo

Mis herramientas favoritas para escribir en mi diario son portaminas de grafito, pinturas de acuarela y gouache Holbein, bolígrafos negros, pincel con depósito Pentel Aquash, cuchillo X-acto, borrador Tombow Mono zero y cintas washi/de enmascarar.

I LOVE YOU
MAY!
A true relationship is two unperfect people refusing to give up on each other.
YOUR FLAWS ARE PERFECT FOR THE HEART THAT IS MEANT TO LOVE YOU.

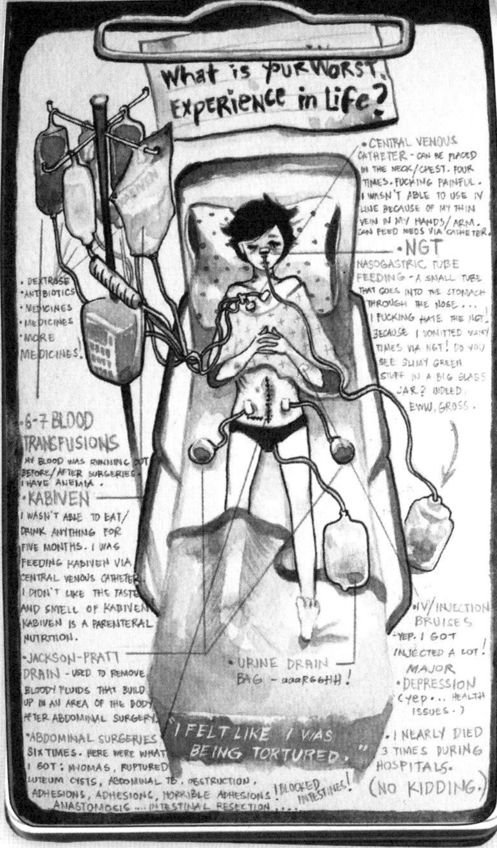
What is YOUR WORST Experience in Life?
• CENTRAL VENOUS CATHETER - CAN BE PLACED IN THE NECK/CHEST. FOUR TIMES. FUCKING PAINFUL. I WASN'T ABLE TO USE IV LINE BECAUSE OF MY THIN VEIN IN MY HANDS/ARM. CAN FEED MEDS VIA CATHETER.
• NGT
NASOGASTRIC TUBE FEEDING - A SMALL TUBE THAT GOES INTO THE STOMACH THROUGH THE NOSE... I FUCKING HATE THE NGT! BECAUSE I VOMITTED MANY TIMES VIA NGT! DO YOU SEE SLIMY GREEN STUFF IN A BIG GLASS JAR? INDEED. EWW, GROSS.
• DEXTROSE
• ANTIBIOTICS
• MEDICINES
• MEDICINES
• MORE MEDICINES!
• 6-7 BLOOD TRANSFUSIONS
MY BLOOD WAS RUNNING OUT BEFORE/AFTER SURGERIES. I HAVE ANEMIA.
• KABIVEN
I WASN'T ABLE TO EAT/DRINK ANYTHING FOR FIVE MONTHS. I WAS FEEDING KABIVEN VIA CENTRAL VENOUS CATHETER. I DIDN'T LIKE THE TASTE AND SMELL OF KABIVEN. KABIVEN IS A PARENTERAL NUTRITION.
• JACKSON-PRATT DRAIN - USED TO REMOVE BLOODY FLUIDS THAT BUILD UP IN AN AREA OF THE BODY AFTER ABDOMINAL SURGERY.
• URINE DRAIN BAG - aaargghh!
• IV/INJECTION BRUISES
- YEP. I GOT INJECTED A LOT!
MAJOR
• DEPRESSION (yep... HEALTH ISSUES.)
"I FELT LIKE I WAS BEING TORTURED."
• ABDOMINAL SURGERIES SIX TIMES. HERE WERE WHAT I GOT: MYOMAS, RUPTURED LUTEUM CYSTS, ABDOMINAL TB, OBSTRUCTION, ADHESIONS, ADHESIONS, HORRIBLE ADHESIONS! BLOCKED INTESTINES! ANASTOMOSIS... INTESTINAL RESECTION...
• I NEARLY DIED 3 TIMES DURING HOSPITALS.
(NO KIDDING.)

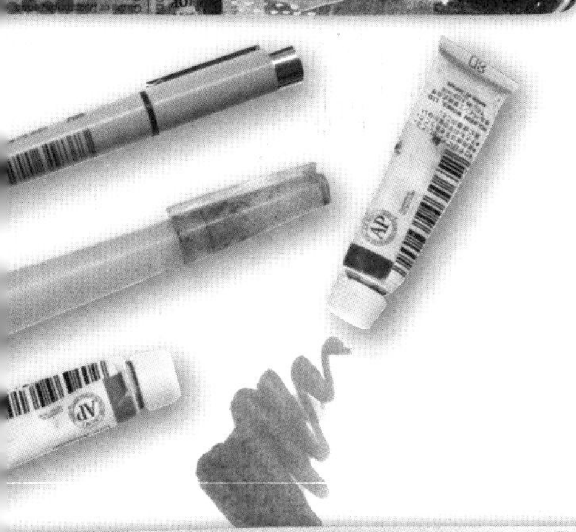

OH!
Mine!
1Wh-3819
10 Cents
PHO BANH MI CHE
VIETNAMESE VERMICELLI BOWL
POMONA, CA
THE BOILING CRAB
shrimps, crawfish, fries - CAJUN!
SAN DIEGO, CA
SNACKS
AVILA VALLEY BARN
peach pie
SAN LUIS OBISPO, CA
BULGOGI HOUSE
Korean BBQ
POMONA, CA
SHALIMAR INDIAN RESTAURANT
authentic Indian dishes
SAN LUIS OBISPO, CA
NADO GELATO CAFE
by Bottega Italiana
pistachio and coffee
CORONADO, CA
YUM!
LOLLICUP
COFFEE AND TEA
popcorn chicken
WALNUT, CA
TO BE Continued

Sketch, sketch, SKETCH!
TIME TO DRAW
WORK @ HOME
RESEARCH
KARAOKE
PROJECTS
exciting times!
LOLZ
#theroadtoabc
BRAINSTORMING & PLANNING session
DEADLINES, HERE WE GO!
DEENER!!
Japanese fare
#BIASED
MONDAY
TUESDAY 星期二
19 APR 2016
EFFICIENT DAY,
Inspiration is Everywhere
IN Other NEWS, I
NEW Letterforms
[YAY FOR NEW STUFF!]
Breathe IN, BREATHE OUT
PASSION
WAS MY TOPIC FOR
#DWPCREATIVETALKS
Thanks, TIPPY, MANSY,
PJ @ALESSA!
think ON YOUR FEET.
PANINDIGAN MO!
VIA AIR MAIL
PAN AMERICAN WORLD AIRW
PAA
The System of the Flying Clipp
PARCEL POST
領収証
2013年5月16日
22時37分
Ho Chi Minh VIETNAM
JUL 2014
BY AIR MAIL
par avion
Flat 405
36 Hilton Street
Manchester M1 2EH
UK
MAR 29 2014
WHERE TO GO
MANCHESTER

CAPÍTULO 5

Perfeccionando *tus* hábitos

Preguntas frecuentes

HERRAMIENTAS Y MATERIALES

¿Qué materiales son los mejores para principiantes y avanzados?

Los mejores materiales para principiantes serían un cuaderno de buena calidad, bolígrafos de dibujo y escritura, y algún kit de pegatinas o cintas. Se recomiendan las acuarelas u otros medios como el gouache y los lápices de colores para los diaristas avanzados o aquellos que desean crear páginas más artísticas.

¿Cuál es el boli que usas para escribir tu journal?

Un bolígrafo de punta fina negro permanente de 0.5. Es muy versátil porque no mancha.

¿Qué cuaderno recomendarías para cada estilo específico?

Para escribir o garabatear, puedes usar cualquier tipo de papel siempre que la tinta se mantenga bien. Pero, para cualquier cosa que implique manualidades o ilustración, es mejor tener un cuaderno con páginas gruesas (alrededor de 180 a 300 gr).

¿Qué marca puedes recomendar?

Algunas de las mejores marcas que he usado son Moleskine, Muji, Hobonichi y Midori Traveler's. También me gusta usar alternativas asequibles de tiendas de segunda mano.

¿Qué cualidades buscas en un journal?

Las principales cualidades que busco serían la cubierta y el grosor del papel. Esto también dependerá de cómo quiera usar el journal (por ejemplo, para esbozos urbanos, diario cotidiano, etc.). También soy especial con el tamaño. Uso A5 o A6 porque ambos tamaños son cómodos cuando vas de viaje.

¿Cómo imprimes tus fotos? ¿Qué tamaños y acabados recomiendas?

Muchas veces uso una impresora de fotos, y otras las imprimo en una tienda de fotografía (tamaño cartera, acabado mate).

HÁBITOS

¿Necesitas ser un escritor o un ilustrador para comenzar a escribir un journal?

Por supuesto que no. Cualquiera puede crear y cualquiera puede escribir.

¿Qué te mantiene motivado para escribir tu journal todos los días?

La idea de estar siempre esperando un nuevo día me mantiene motivada para hacer el journal. Hay mucho en la vida que puedes documentar y capturar.

¿Incluirías en tu journal tus "malos días"?

Lo hago, sobre todo porque me ayuda a reconocer el hecho de que no todos los días son perfectos. En lugar de insistir en cuán negativo fue un día, explico por qué sucedió y a su vez, escribo una resolución o un logro al respecto.

¿Cómo podría alguien muy ocupado estar escribiendo al menos una vez al día?

Sacar tiempo siempre es posible. Pasar unos minutos por la mañana o por la noche escribiendo es algo que normalmente hago si no puedo hacer un journal durante el día.

¿Cómo se puede mantener un diario incluso si ya tienes un blog? ¿Escribes las mismas cosas para ambos?

Definir el propósito de tu blog y de tu journal te ayudará a responder esta pregunta. También puedes optar por centralizar temas para tu blog y tu journal con el fin de diferenciar el contenido que compartes en cada plataforma.

¿Tienes algún consejo sobre cómo terminar un journal?

Soy culpable de no terminar algunos journals y esto es lo que puedo decir: Está bien. No fuerces. Siempre puedes volver a empezar con uno nuevo y estará bien.

¿Los journals siempre tienen que ser públicos?

No, tus journals no tienen que ser públicos a menos que desees compartirlos con otras personas.

PROCESO

¿Cómo es tu proceso al escribir el journal? ¿Empiezas con un borrador y luego entintas las páginas?

No tengo borradores. Escribo una lista de lo que se debe escribir en un diario y coloco pautas a lápiz para marcar las áreas en la página reservada para el dibujo y las áreas reservadas para el texto.

¿Cómo comienzo la entrada del diario y cómo destaco los puntos principales del día?

Antes de comenzar a escribir, enumera una serie de eventos que ocurrieron en tu día. A partir de ahí, piensa exactamente en qué áreas deseas centrarte; limítalas. Esos deberían ser tus puntos principales y pueden servir como puntos de partida.

¿Generalmente te ciñes a un tema cuando haces un journal?

Depende. Digamos que voy a una ruta gastronómica con amigos. Dibujabaría y escribiría sobre la comida que como, y eso establecería el tema. Por otro lado, cada vez que viajo, mantengo el tema lo más flexible posible para dar paso a ideas más creativas. La mayoría de los días, no me ciño a un tema concreto.

ESCRIBIR A DIARIO

¿Cuáles son los beneficios de escribir un journal todos los días?

Además de ejercitar tu creatividad, escribir un diario todos los días te ayuda a desarrollar tu autoconfianza y mejorar tus habilidades de comunicación. También puedes desarrollar un hábito muy personal, y es una excelente manera de desahogar o descargar tus pensamientos e ideas en papel.

¿Con qué frecuencia actualizas tus journals?

Todos los días, si el tiempo lo permite. Por lo menos, cinco veces a la semana.

¿Como contribuye tu journal si tu día no fue realmente tan interesante o productivo?

Puedes optar por ser objetivo al respecto (por ejemplo, “no ha pasado mucho

hoy”) o puedes intentar explorar otras indicaciones en listas o sketches.

Cuando escribes en un journal, ¿sigues una determinada regla o todo es fluido y flexible?

Para mí, no hay reglas. Así que sí, me permito ser libre de hacer lo que quiero con mis páginas del diario.

Sobre qué temas escribes habitualmente?, ¿prefieres escribir sobre experiencias o sentimientos?

Por lo general, me gusta escribir sobre una parte emocionante o divertida del día (¡mejor si es espontánea!). He observado que siempre comparto mi lista de reproducción de música y con quién estuve ese día específico. En cuanto a lo que prefiero escribir: una mezcla de ambos.

JOURNALS SOBRE VIAJES

Tengo un calendario apretado durante mi viaje. Aún así, ¿debo documentarlo?, ¿cómo saco tiempo?

Depende de ti si quieres documentarlo. El mejor consejo para sacar tiempo es dibujar mientras esperas tu vuelo, mientras llega la comida o reservar unos minutos adicionales antes de acostarte o inmediatamente después de despertarte.

¿Cómo organizas tus journals de viaje?

Utilizo diferentes diarios por país, especialmente si es un viaje largo (alrededor de 2 a 4 semanas). Mis diarios también tienen diferentes especificaciones: una es para ilustraciones, la otra para listas escritas y observaciones (básicamente mi bitácora de itinerario), y otra para recuerdos y material efímero.

¿Cómo eliges qué escenario dibujar en tu journal de viaje? ¿Como comienzas e inmortalizas ese escenario exacto?

Soy especial con el paisaje que dibujo, porque al menos, debería ser memorable para mí. Solo dibujo los lugares en los que he estado. Mis escenarios favoritos incluyen edificios antiguos con ventanas, iglesias y templos. En cuanto al proceso, generalmente comienzo con bocetos de líneas generales. Y si no tengo tiempo para dibujar en el sitio, hago una foto y sigo esbozando o añadiendo los toques finales a mi trabajo en otro lado.

ND LINE
MUSIC
1) "Wild Motion (Set It Free)"
MIAMI HORROR
2) "Dare You to Move"
SWITCHFOOT
3) "The Gift"
ANGELS & AIRWAVES
4) "Forever"
HAIM
5) "Dancing on Glass"
ST. LUCIA
CABLE AND WIRELESS LIMITED.
TUNING
arger AM TUNER
LID STATE
HAVE A NICE TRIP
TRAVELER'S FACTORY
OMAM
OF MONSTERS AND MEN
LIVE IN MANILA
12 MAY 2016
THURSDAY
8 O'CLOCK PM
WORLD
TRADE
CENTER
STANDING
VIP
Php **4,930**
la 4987
THE OLD FIRM
PROPRIETOR: F.M. HAWKINS
30
MAGYAR POSTA
Confiance et fidélité de ses clients
ont toujours récompensé ses efforts
pour un meilleur service.
www.midori-japan.co.jp

Encuentra la inspiración

Aparte de escribir un diario, me gusta sumergirme en muchas películas y en la música, lo cual me llena de mucha inspiración. Ya sea desde una determinada escena o esquema colorido de una película hasta un estribillo inolvidable de una canción, siempre hay algo en las películas y en la música que despierta mi interés, especialmente cuando se trata de escribir en un diario.

Estas son algunas de mis canciones y películas favoritas, sacadas de mi lista de favoritos de todos los tiempos.

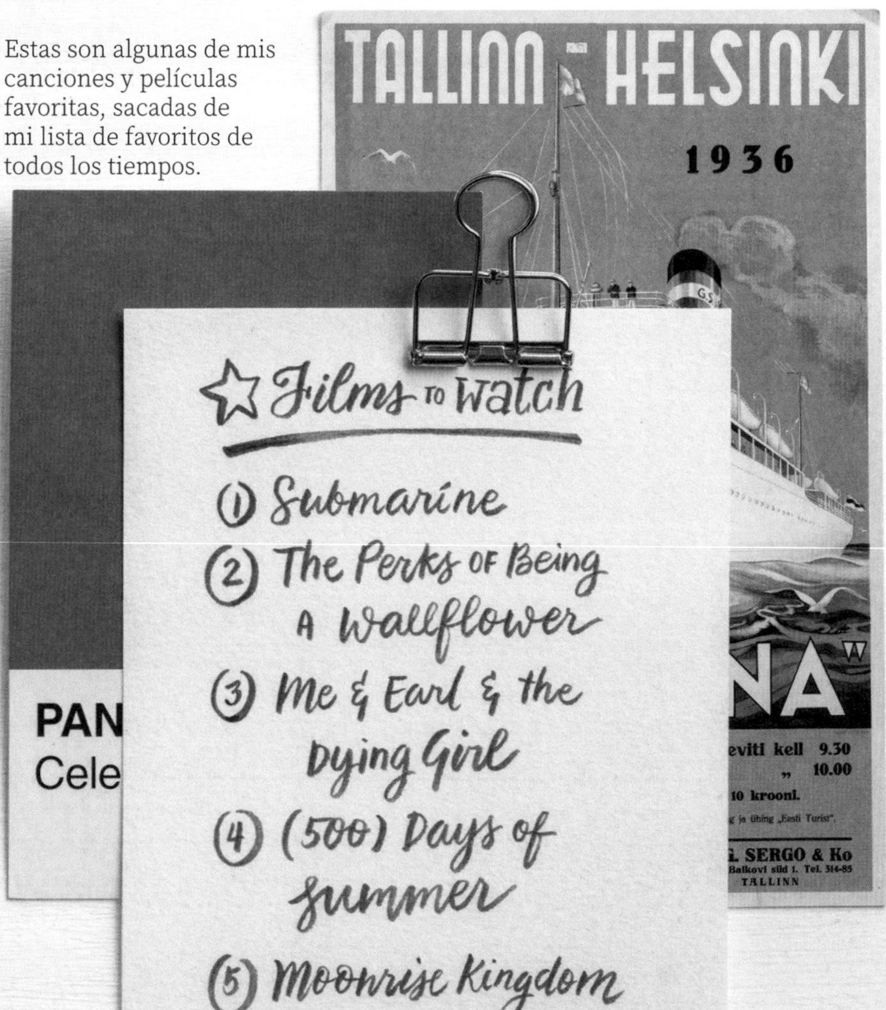

Mantenimiento de tu Journal

Consejos para principiantes.

Proporciona tu información personal.

Anota tus datos de contacto en la primera página, nombre completo, dirección completa y número de teléfono, para que sea más fácil contactarte en caso de que pierdas tu diario.

Define tu propósito.

¿Para uso personal o profesional?, ¿es un diario cotidiano o un diario de viaje? Lo mejor es que identifiques el propósito de tu diario para que puedas centrarte fácilmente en crear sus contenidos.

Registra la fecha, hora y ubicación.

En cada página, escribe la fecha, hora y ubicación para mantener tus entradas organizadas y bien documentadas.

Almacénalos adecuadamente.

Ya sea en una caja de recuerdos o en un estante para libros, mantén tus diarios juntos para acceder a ellos más fácilmente.

Encuentra tu estilo

Para los principiantes, es importante conocerse primero y diseccionar lo que te hace único.

¿Cuáles son tus intereses?, ¿cómo influyen estos en tu personalidad? Por ejemplo, me atraen personalmente los colores inspirados en el otoño, los envases y las etiquetas vintage, las películas de iniciación y la música indie. Estas son las cosas que influyen en mi trabajo y en mi estilo.

Cuando se trata de crear diseños, intenta experimentar con diferentes medios y estilos. Si te gusta dibujar, intenta garabatear y rotular. Si te gusta escribir, crea un cuaderno de bitácora, recopila citas y refranes, o recopila tus propios escritos. También puedes plasmar diferentes ideas y ejecuciones utilizando diversos materiales. Cuantos más estilos explores, mejor podrás determinar tu estilo personal.

Por último, familiarízate con las diferentes facetas del diario y prueba cosas nuevas. Finalmente, podrás descubrir tu estilo de diario y desarrollar tus habilidades y hábitos.

Haciendo

Aquí hay algunos consejos para recordar mientras haces fotos de tus bocetos y journals.

Lo mejor es Siempre la Luz Natural.

La mayoría de las veces elijo fotografiar de las 10 a.m. a las 11 a.m., o también de las 3 a las 5 de la tarde. Ten en cuenta que generalmente oscurece alrededor de las 7 p.m.

Para obtener la mejor cantidad de luz natural, intenta disparar cerca de una ventana o al aire libre. Si quieres evitar sombras en tus fotos, usa un reflector improvisado. Yo uso una pizarra blanca para atraer la luz.

Céntrate en el tema: TU ARTE.

La obra de arte debe ocupar al menos el 70% de toda la foto. Puedes optar por tomar diferentes ángulos de tu tema: ya sea solo la obra de arte en sí (primer plano) o la obra de arte con elementos o materiales a su alrededor (fotograma completo).

Haz tantas fotos como puedas.

Haz tantas fotos como puedas (por seguridad, alrededor de 10 a 15 disparos). Puedes trabajar en diferentes ángulos (izquierda, centro, derecha) y explorar diferentes formas de diseñar los elementos dentro del marco para que tengas más opciones.

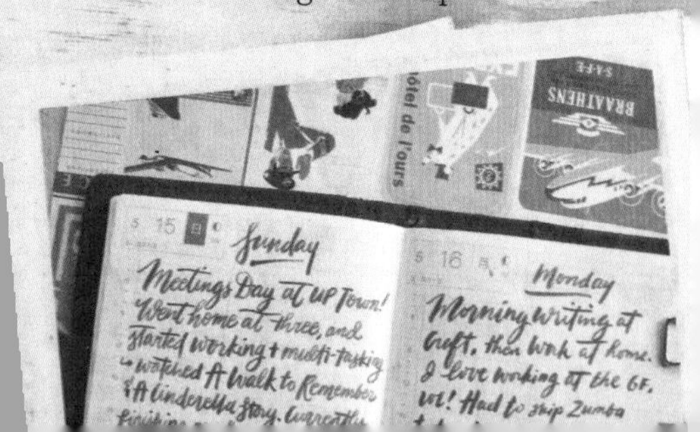

Fotos

Elije los accesorios y superficies adecuadas.

Usar accesorios es una excelente manera de darle estilo a tu toma. Los mejores accesorios serían herramientas reales utilizadas para las páginas del journal: pegatinas, cintas, bolígrafos y clips.

Si estás viajando, puedes mostrar fragmentos de tu kit de arte o recuerdos y souvenirs que pueden complementar tus páginas. Si estás fotografiando en tu casa, puedes usar azulejos, tablones de madera, cartulinas y tu escritorio.

Haz fotos en el momento.

Hacer fotos en el sitio ayuda a establecer la ubicación de la obra de arte, ya que se aprecia más real. Prefiero disparar en el lugar, especialmente si el sol todavía está alto. También trato de terminar mi boceto mientras estoy en un lugar específico, haciendo que la experiencia sea más memorable.

Edita y comparte tus fotos.

Después de elegir tus fotos, es hora de editarlas. Usa herramientas de edición básicas para ajustar el brillo, el contraste, la nitidez (para obtener más detalle) y los colores. Recuerda mantener los colores lo más parecidos posibles a la foto original. Puedes intentar usar diferentes tonos para tus tomas, dependiendo de qué cámaras y aplicaciones de edición estés usando.

Disfruta del proceso

La pregunta más común después de comenzar la primera página de tu diario es cómo continuar el hábito y disfrutar constantemente del proceso.
Aquí hay algunos recordatorios sobre cómo perfeccionar tu hábito.

Siéntate y escribe.

ASUME EL COMPROMISO DE FIJAR UNA HORA ESPECÍFICA AL DÍA PARA ESCRIBIR.

¡Es muy fácil holgazanear a la hora de escribir, especialmente si eres una persona ocupada como yo! Pero, en tanto en cuanto sea posible, saco de 10 a 20 minutos cada mañana o tarde para escribir. Si tengo tiempo extra los fines de semana, preparo mis siguientes apuntes con anticipación o imprimo algunas fotos que puedo usar para futuras entradas.

Lleva tu journal a todas partes.

LA INSPIRACIÓN ESTÁ EN TODAS PARTES. TANTO COMO PUEDAS Y ALLÁ DONDE VAYAS, TEN UN JOURNAL O UN PEQUEÑO CUADERNO EN TU BOLSO.

Las mejores ideas aparecen en tu cabeza en momentos inesperados, como cuando estás esperando en el aeropuerto o estás atrapado en un atasco. Así que, ¡estate siempre listo para sacar tu diario y comenzar a escribir!

Vete de sketchwalk.

Un sketchwalk es una actividad grupal donde las personas se reúnen y dibujan un lugar o área específica. Es una excelente manera de conocer gente nueva que también disfruta dibujando.
Ya sea en tu ciudad natal o en el extranjero, intenta unirte a un grupo de sketchwalk. Te sorprenderás de lo observador que puedes llegar a ser. También puedes intentar programar un día de exploración con tus amigos.

Organiza sesiones de journal con amigos.

Esta es una gran manera de compartir tus ideas y materiales con los compañeros diaristas y con los amigos: puedes intercambiar algunas cintas de washi y pegatinas y analizar nuevas formas de cómo crear un journal

Cambia tus diseños.

Hay infinitas formas de diseñar las páginas de tu diario, y depende de ti seguir experimentando cuáles te funcionan mejor. Mi sistema de diario varía cada semana. De esa forma, no me aburro haciendo los mismos diseños una y otra vez.

Desafío Journal

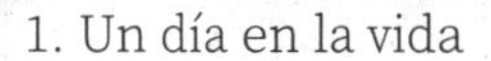

Debido a que se necesitan veintiún días para formar un hábito, he aquí algunas sugerencias con las que puedes intentar trabajar para poner en marcha (o mantener) tus hábitos de diario. Siéntete libre de experimentar con el tema de la manera más creativa que puedas dibujando, escribiendo, creando, o una combinación de las tres. Puedes trabajar en tu diario todos los días, cada dos días o una vez a la semana. ¡Tu decides! Lo importante es encontrar tiempo para hacerlo y disfrutar el proceso.

1. Un día en la vida
2. Algo interesante que has visto hoy
3. Metas para la semana
4. 5 cosas por las que estás agradecido hoy
5. ¿Qué llevas en tu bolsa?
6. 5 hechos sobre ti
7. Pasatiempos favoritos
8. Aspectos destacados de esta semana
9. Retazos de tu reciente viaje
10. ¿Qué te mantuvo ocupado hoy?
11. 5 cosas que hacer antes de morir
12. Ideas aleatorias en la ducha
13. Una habilidad que quieres aprender
14. Tu ciudad natal y por qué te encanta
15. Ritual para quitarte el estrés
16. Fragmentos de tu libro o película favorita
17. Una experiencia memorable del pasado
18. Lo que has comido hoy
19. Notas de un artículo reciente que has leído
20. Paisajes hermosos que has visto hoy
21. La letra de una canción que no te quitas de la cabeza

¡Comparte tu trabajo Online! Usa el hashtag #ABCsJournalingChallenge en Instagram y únete a la comunidad

May
ART-FRIEND
SINGAPORE

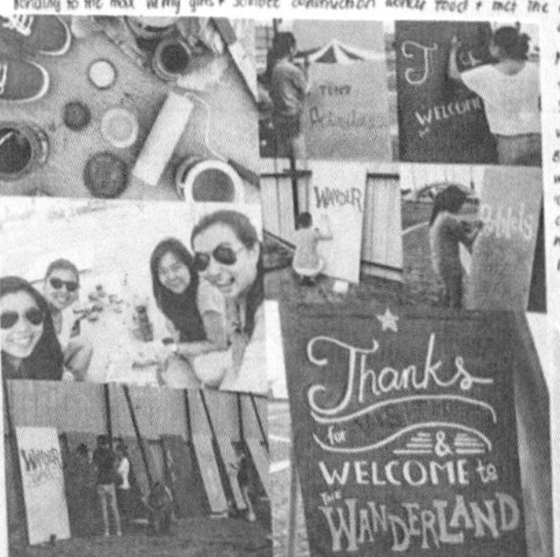
THINGS THAT MADE ME SMILE TODAY
WANDERPAINTERS!!!
Thanks
for
&
WELCOME to
the
WANDERLAND
FAMILY!

Créditos y Recursos

"Abbey Road" tipo
Mikko Sumulong
(mixfonts.xyz)

Efímera
Reese Lansangan, Tippy Go,
Mikka Wee, Koko Ko, Tricie Amador

Journals
Jean Kelly
Aleyn Comprendio

Sellos y Pegatinas
Alessa Lanot
Dom Ochotorena
Chichi Romero

Fotos Adicionales
Maine Manalansan
Karen De La Fuente
Mare Collantes
Christie Lim
Ber Garcia

FABER-CASTELL
since 1761

5 THINGS TODAY
BREAK fast WAS A+
ON REPEAT
INDIE
PLAY list
yay!
ART &
BOOKS
GOOD
CATCH UP WITH FRIENDS
COFFEE
JUST WRITE!
THINGS
finally!
PRO DUC
CRAY!
Make
Art
always LOVE
live
WORK DAY!
COLLECT moments NOT THINGS
#achieve
THAT
MATTERS.
"Inspiration" is EVERYWHERE
MAKE THINGS
LEARN AS YOU GROW
Be grateful
PASSION
happen
PROCESS
PURPOSE.
ENJOY
THE JOURNEY
ON TO THE NEXT
PURSUIT
ADVENTURE
Hustle
HARDER
Believe IN POSSIBILITIES!

HAVE A NICE TRIP WITH SMILE, FREEDOM AND TRAVELER'S

Agradecimientos

Escribir e ilustrar este libro ha sido un viaje en sí mismo. Constantemente he sentido nostalgia al desenterrar mi propia colección de cuadernos y al cavar más profundo para descubrir de qué trataba el diario que me ha convertido en la persona que soy hoy. Además, trabajar en este libro me ha ayudado a crecer en más formas de las que podía imaginar. Esta aventura me a dado otra oportunidad de confiar en el proceso de creación y por eso, estaré siempre agradecida.

Por otra parte, agradezco a las siguientes personas que han formado parte de la creación de este libro:

A mi manager Tricie, por ayudarme a descubrir lo que quería decir en las páginas de este libro, por estar siempre detrás de mí y por creer en mis capacidades creativas desde el primer día;

A mi asistente Jean, por compartir los mismos sentimientos por el journaling y ayudarme a obsesionarme sobre hechos históricos mientras creaba este libro;

A la familia Googly Gooeys: Tippy, Pong y Riley, por la dosis diaria de risas, apoyo moral, comida, baile y amor duro;

A Kaila, por inspirarme con su energía positiva y creativa;

A achi Koko, por confiar en mí en este proyecto y por cuidarme;

A Jaykee, por ser mi mentor y asegurarse de que me vaya a dormir pronto y supere los plazos establecidos;

Al equipo de Summit Books, por esta increíble oportunidad, y por hacer que mi visión cobre vida de la mejor manera posible;

A todos los colaboradores, por compartir un pedazo de sí mismos en este libro;

A mi familia y amigos, por el apoyo interminable;

Para todos los que llegaron a mis journals, para todos los recuerdos;

Y por último, a mis lectores, por continuar apoyándome en mi viaje y por inspirarme a crear constantemente. Sigue encontrando alegría mientras creas tu proyecto tanto como lo hago yo.

Acerca de la Autora

Abbey Sy es una artista y autora de Manila.

Es una apasionada del arte y de descubrir nuevos lugares y culturas viajando, Abbey dedica su vida a crear una crónica creativa en las páginas de sus journals. Con su conocido "ABC", empezó su carrera de crear letras hechas a mano.
Ha trabajado con importantes marcas en diversas industrias, su arte ha sido reconocido en redes sociales y en publicaciones locales e internacionales. Su primer libro, "The ABC of Hand Lettering", se ha convertido en un bestseller.

Actualmente trabaja como emprendedora creativa, haciendo malabares entre trabajos independientes, impartiendo clases de arte y produciendo su propio merchandising, todo esto mientras se redescubre en #theroadtoabc. Su deseo es seguir persiguiendo nuevos sueños e inspirando a otras personas bajo su lema "Always Be Creating".

Descubre más trabajos de Abbey en su sitio web, abbey-sy.com
Síguela con @abbeysy en Twitter e Instagram.

TOMORROW'S MAIL TODAY
AIR MAIL
UNITED AIR LINES
enjoy THE journey
ALL OVER THE WORLD
AIRLINES
ENJOY YOUR FLIGHT
NAME
82
NIPPON
日本郵便
RAILWAY EXPRESS
For
Street and No.
City
Value $
Date of Ship
BOARDING PASS
/ABIGAIL CLAUDINE M
313650116
MNL/MANILA
HKG/HONG KONG
CARD
19 MAY 2010

KEEP CALM AND CARRY ON
The GREAT GATSBY
LUCKY PIERROT
特製ソフトクリーム
SOFT CREAM
Mischief MANAGED
ANGKOR WAT, SIEM REAP PROVINCE

1408
1727
1626
1245
1645
1314
1316

CAMBODIA POST

OPEN

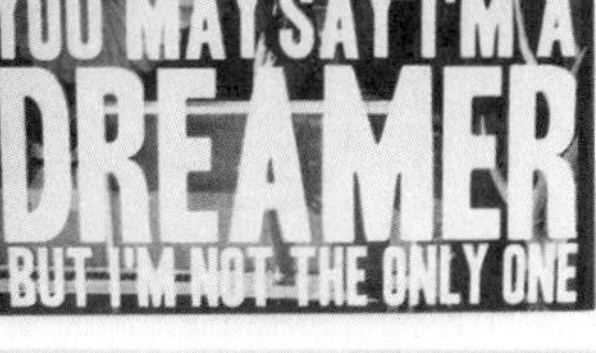
YOU MAY SAY I'M A
DREAMER
BUT I'M NOT THE ONLY ONE

Never
Settle

Series 1 AA
Artists' Water Colour
Terre Verte
GOALS
Focus
ON THE
JOURNEY